한국사로 들어가
세계사로 나오는

평행 역사 수업

한국사로 들어가 세계사로 나오는

평행 역사 수업

초판 1쇄 발행 2025년 2월 25일

지은이 | 우현주 김태우 맹수용 박영진 방경원
송은하 유소영 윤채은 이건주 이어라
펴낸곳 | (주)태학사
등록 | 제406-2020-000008호
주소 | 경기도 파주시 광인사길 217
전화 | 031-955-7580
전송 | 031-955-0910
전자우편 | thspub@daum.net
홈페이지 | www.thaehaksa.com

편집 | 김선정 조윤형 여미숙 김태훈
마케팅 | 김민선
경영지원 | 김영지

값 17,500원
ISBN 979-11-6810-340-5 43900

"주니어태학"은 (주)태학사의 청소년 전문 브랜드입니다.

책임편집 | 김선정
디자인 | 캠프

한국사로 들어가 세계사로 나오는

평행 역사 수업

우현주·김태우·맹수용·박영진·방경원
송은하·유소영·윤채은·이건주
이어라 지음

주니어태학

머리말

역사 공부를 좋아하나요?

이 책의 저자들은 모두 중고등학교 역사 선생님입니다. 청소년들이 역사 공부를 좋아하기를 바라고, 역사 공부를 통해 삶의 근육을 키울 수 있기를 바랍니다. 과거를 매개로 행복한 미래를 상상하고 실천하는 힘을 기를 수 있기를 바랍니다. 그래서 우리 선생님들도 학교 교실에서 만나는 학생들과의 수업을 기획하면서 '역사에서 무엇을, 어떻게, 왜 가르치나'를 끊임없이 질문하며 공부합니다.

최근 인공지능(AI)은 그동안 해독하기 어려웠던 고대 문서를 깔끔한 문장으로 해석해 주고 있습니다. 또 새로운 유적이 발굴되고, 새로운 역사 자료가 발견되면서 역사가 다루는 범위도 더 방대해지고 있습니다. 우리 역사 선생님들은 역사적 사실을 하나도 빼놓지 않고 가르친다는 것은 가능하지 않다고 고백합니다. 다만 우리가 학생들에게 기르게 해 주고 싶은 것은 이런 것들입니다.

역사를 소재로 과거 인물과 사건을 재연할 수 있는 역사적 상상력을 발휘하기, 그래서 그 시절을 살던 사람들의 마음을 공감하고 이해하기, 우리가 지금 발 딛고 사는 시대는 또 어떻게 역사가 되어 가고 있는지를 세심하게 살피기, 앞으로 살아갈 미래 사회는 과거나 현재보다 더 좋게 만들 수 있다는 믿음을 가지고 나는 어떤 사람이 되고 싶은지, 또 누구와 어떻게 도우며 살아갈지 궁리하기.

이 책은 지금까지 따로따로 배웠던 한국사와 세계사를 연결하여, 동시대의 닮은꼴 같은 사회적 상황과 역사적 경험에 주목했습니다. 여러분은 이 책을 읽어 나가면서 '한국사로 들어가 세계사로 나오는' 짜릿하고도 감동적인 평행 역사 여행을 하게 될 것입니다.

평범한 일상과 역사적 사건을 구분하는 것은 '집단 기억'이라는 기록이 있었기 때문에 가능합니다. 흔히 그 기록은 연대기로 표현되지요. 그래서 우리는 특정한 해에 각각의 두 세계에서 마치 약속이나 한 듯 비슷하게 일어났던 열네 가지 장면의 역사적 소재를 찾을 수 있었습니다. 그리고 '그해'에 일어난 각각의 특수하고도 우연한 역사적 경험이 시대와 지역을 초월하여, 느리지만 뚜벅뚜벅 인류 보편의 역사를 만들어 온 과정이었다는 것을 알게 됩니다. 특정 국가의 역사가 지구촌 세계의 역사와 연관되지 않을 수 없고, 한국사도 인류 보편의 역사가 지나온 길이었음을 발견할 수 있습니다.

이 책이 완성되기까지, 우리는 이 특별한 '평행 역사 여행'의 소재를 발굴하고, 각각의 역사적 상황이 어떻게 비슷하고 다른지, 각각의 사건과 인물은 어떻게 연결되는지, 어떤 질문으로 현재와 연결해 볼 수 있을지에 대해 대화와 토론을 나누는 과정이 너무나 행복했습니다. 청소년 여러분도 시대와 지역을 넘나드는 역사를 통해, 나 자신과 우리 사회를 비추어 보면서 행복한 미래를 만들어 가는 상상을 해 보시기를 바랍니다. 그래서 더 좋은 질문으로 이어지는 공부가 되기를 바랍니다.

저자들을 대표하여

우현주

O

평행 역사 여행, 준비되셨나요?

_미리 보는 평행 세계의 열네 장면

한국사에서 아주 중요한 역사적 사건이 벌어질 무렵, 지구촌 다른 지역에서는 어떤 일이 있었을까요? 그 열네 가지 시간대 속으로 타임 슬립 해 볼까요?

372년, 우리나라에서 불교가 공식으로 인정된 해입니다. 비슷한 시기에 유럽의 로마에서도 크리스트교가 공인되었습니다. 동양의 불교, 서양의 크리스트교를 빼고는 근대 이전의 역사를 설명할 수가 없지요. 이 두 종교가 오랜 시련을 겪으면서 기존의 토착 종교나 정치 권력에 저항하며 전파되는 과정은 기적과도 같은 것이었습니다. 이후 모든 문화적 산물은 대부분 이 종교들을 바탕으로 해서 나왔고, 사람들의 삶 속에 스며들기 시작했습니다. 인간에게 종교는 어떤 의미일까요?

632년, 신라에서는 선덕여왕이 즉위합니다. 그런데 비슷한 시기에 중국과 일본에도 여성 군주가 있었습니다. 이 세 여왕은 각기 신라 통일의 기반을 마련했다거나, 일본 아스카 문화의 절정을 꽃피웠다거나, 중국 사회의 안정을 이루고 탁월한 정치적 지도력을 발휘했다는 평가도 있습니다. 그러면 오늘날 우리 사회는 어떠할까요? 여성의 사회적 진출이 활발해지고, 여성 지도자가 더 많이 등장하여 리더십을 잘 발휘할 수 있는 건강한 사회를 만들려면 어떻게 해야 할까요?

1055년, 고려의 수도 개경에 최충이라는 학자가 '9재 학당'이라는 사립학교를 설립합니다. 비슷한 시기에 유럽에서는 볼로냐 대학과 파리 대학이 생겨납니다. 모두 인재를 양성하는 엘리트 교육기관이었지요. 고려의 사립학교들에서는 과거시험 준비를 위한 배움의 열정이 가득했고, 유럽의 대학들에서도 그동안 교회가 독점해 온 교육의 한계가 극복되기 시작했습니다. 이곳에서 어떤 공부를, 어떻게 했나 궁금해집니다. 배우고자 하는 곳, 가르치려고 하는 곳, 바로 그곳에 교육이 존재하겠지요?

1145년, 우리나라에 전하는 가장 오래된 역사책《삼국사기》가 편찬됩니다. 나라 안팎의 혼란으로 고려 왕실의 권위가 추락하는 것을 막기 위해 역사를 정리한 것이었지요. 이때 편찬 책임자인 김부식은 역사책에 거짓은 절대로 기록할 수 없다며, 신화나 전설 등의 이야기는 아예 다루지 않았습니다. 이 시기에 유럽에서는 십자군 전쟁이 한창이었지요. 그런데 전쟁의 형세가 점점 불리해지자, 가짜 편지로 위기를 극복하려 했던 가톨릭 주교가 있었습니다. 두 사람 모두 현실에 닥친 위기를 타개하고자 했지만 방법은 서로 달랐습니다. 그럼에도 모두 '진실'을 내세웠지요. 그렇다면 역사에서 '진실'이란 과연 무엇일까요?

1446년, 조선의 세종은 훈민정음을 공식 발표합니다. 비슷한 시기에 유럽에서는 구텐베르크가 활판 인쇄술을 발명했지요. 이 두 사건은 그 영향력이 비슷하면서도 또 아주 막강했습니다. 한글의 발명은 그동안 지식 정보에서 소외되었던 여러 계층 사람들의 슬기로운 문자 생활을 가능하게 해 주었습니다. 활판 인쇄술 역시 소수에게만 집중되었던 지식 권력을 대중에게 확산시켜서 마침내 종교개혁과 과학혁명으로 이어졌습니다. 앞으로 인공지능 기술 혁신은 또 어떤 변화를 가져올까요?

1453년, 수양대군은 조카인 단종을 밀어내고 왕의 자리를 차지하기 위해 정난을 일으킵니다. 그가 바로 조선의 제7대 국왕 세조입니다. 그리고 같은 해, 오스만 제국의 술탄인 메흐메트 2세는 콘스탄티노폴리스를 함락하고 동로마 제국을 멸망시킵니다. 세조와 메흐메트 2세는 친족을 살해하고 권력을 차지한 피의 군주라는 공통점이 있지만, 특이하게도 당시 배척받던 종교에 관심을 가지고 지원한 것도 비슷합니다. 통치력 강화를 위한 수단으로 종교를 이용한 것이지요. 이들의 정치적 리더십에 대한 평가는 관점에 따라 엇갈릴 수도 있을 텐데, 여러분은 어떠신가요?

1517년, 독일의 마르틴 루터가 교황청의 부패와 면벌부 판매를 비판하는 〈95개 조 반박문〉을 발표한 해입니다. 돈을 내면 죄를 사면받을 수 있다는 교황의 주장은 거짓말이라며, 그 이유를 95가지 항목으로 작성해 조목조목 반박한 것이지요. 이 시기에 조선의 혁신을 꿈꾼 성리학자 조광조도 정계에서 활발하게 활동합니다. 기존의 낡은 질서를 비판적이고 합리적인 시각으로 바라볼 줄 알았던, 진보의 발걸음을 내디딘 개혁가들은 분명 엄청난 탄압에 맞닥뜨렸을 텐데요, 그들의 삶의 행적에서 비슷한 점은 무엇이고 다른 점은 무엇이었을까요?

1670년, 조선에 큰 흉년이 들어서 굶어 죽는 이가 속출했습니다. 그런데 이런 재난이 닥친 것은 우리나라만이 아니었지요. 당시 세계 곳곳에서 이상 기후와 대기근, 전염병, 전쟁, 반란이 끊이지 않았습니다. 그래서 역사학자들은 이를 '17세기 위기론'이라고도 하지요. 1670년에 일어난 러시아의 농민 반란 '스텐카 라진의 난'도 그중 하나입니다. 천재지변은 정말로 하늘이 노하여, 신의 저주로 재앙이 오는 것이었을까요? 코로나19라는 전 지구적 재앙을 겪은 사람들로 역사에 남을 21세기의 우리는 과연 인류의 공존을 위해 어떤 노력을 해야 할까요?

1760년, 조선의 실학자 이익이 《성호사설》을 편찬합니다. 같은 시기에 프랑스에서는 드니 디드로가 약 20년에 걸쳐 《백과전서》를 출간합니다. 조선 후기의 실학자나 프랑스의 계몽주의 사상가들 모두 사회를 진단하고 대안을 모색하기 위해, 그 시대의 지식을 집대성한 백과사전을 만든 것입니다. 오늘날에는 컴퓨터와 인공지능의 놀라운 능력 덕분에, 수많은 지식과 정보를 수집하고 활용하기가 편리한 세상이 되었습니다. 또 누구나 지식을 얻고 생산할 수 있게 되었지요. 그러니 오히려 나만의 백과사전을 만들기 위해 함께 질문하고 토론하는 공부의 방법이 더 중요하겠지요?

1793년, 여성도 남성과 동등한 권리를 갖는다고 말하는 것이 죽음을 무릅쓸 정도의 용기가 필요한 일이었던 시대를 산 두 여성이 생을 마감했습니다. 조선의 임윤지당과 프랑스의 올랭프 드 구주입니다. 지구 반대편에 살았지만, 두 사람의 이야기가 너무나 닮아 있어 흥미롭습니다. 세상의 절반인 여성의 인격이 존중되어야 한다는 신념으로, 여성의 목소리를 내어야 세상을 바꿀 수 있다는 마음이 통한 것일까요? 이들이 남들과 다르게 상상하고 용기를 낼 수 있었던 데에는 어떤 믿음이 작용한 걸까요?

1860년, 조선의 최제우는 '사람이 곧 하늘'이라는 원리로 동학이라는 종교를 창시했습니다. 비슷한 시기에 영국의 찰스 다윈은 《종의 기원》을 출간하며 진화론을 주장했지요. 이 두 사람의 닮은 점을 찾아보는 것도 흥미롭습니다. 동서양 모두 격동을 겪던 시대에, 지금껏 아무도 의심하지 않았던 사실을 부정함으로써 세상을 완전히 다르게 변화시킬 수 있음을 보여 준 사람들입니다. 많은 사람이 믿고 있다고 해서, 이제껏 늘 그래 왔던 것이 항상 옳은 것은 아닐 수도 있지 않을까요?

1919년, 일본의 지배를 받고 있던 식민지 조선의 한복판에서 독립선언서가 발표되고, 온 나라에 만세 운동이 불길처럼 번져 갔습니다. 같은 해에, 아일랜드에서도 독립전쟁이 시작되었습니다. 아시아의 동쪽 끝 한국과 유럽의 서쪽 끝 아일랜드, 지리적으로 아주 멀리 떨어진 두 나라는 역사적으로 공통점이 많습니다. "한국은 동양의 아일랜드"라는 말도 나올 정도였죠. 두 나라에 어떤 일들이 있었던 것일까요? 아일랜드 사람인 조지 루이스 쇼가 평생에 걸쳐 조선의 독립운동을 적극적으로 지원했던 이유와도 관련 있지 않을까요?

1960년, 한국의 4월 혁명은 시민의 힘으로 민주주의를 성취해 가는 감동적인 역사의 첫 단추였습니다. 그런데 그해는 세계사적으로 '아프리카의 해'라고 부른 시기였습니다. 그 한 해 동안 아프리카에서 무려 17개 나라가 오랜 식민 지배에서 벗어나 완전한 독립을 이루었거든요. 가나 역시 그중 하나입니다. 가나는 이제 처음으로 국민이 대통령을 선출하고 공화국을 선포하면서, 국제 사회에서 당당한 영향력을 발휘할 수 있는 계기를 마련했습니다. 그 후 한국과 가나의 민주주의는 순조롭게 발전했을까요? 제국주의 시대에 강대국들이 마치 땅따먹기하듯 지도 위에 쭉쭉 직선으로 그어 놓은 슬픈 국경선들을 보면서, 아프리카의 역사와 문화에 대해 좀 더 관심을 가져 보면 어떨까요?

1989년, 한국의 문익환은 제3국을 거쳐 북한으로 가서 김일성 주석과 회담을 하고 돌아왔습니다. 남북한의 심리적 거리를 가깝게 하고, 평화와 통일을 이루기 위해 처음으로 대화의 물꼬를 튼 사건이기도 하지요. 그러나 문익환은 정부의 승인 없이 북한을 다녀왔다는 이유로 구속되었습니다. 비슷한 시기에 남아프리카 공화국의 넬슨 만델라는 27년간의 오랜 감옥 생활 끝에 석방되어 자유를 만끽했습니다. 문익환과 만델라, 두 사람은 공통점이 아주 많습니다. 같은 해에 태어났고, 수차례 감옥을 오가며 일생을 헌신했으며, 같은 해에 한 사람은 삶을 마감하고 한 사람은 대통령이 되었습니다. 신학으로 세상을 밝히겠다는 포부로 평생을 민주주의와 평화통일 운동에 바친 문익환, 법률 공부를 통해 아프리카인들의 삶을 개선할 수 있으리라는 희망에서 출발해 평생을 흑인 인권운동에 바친 만델라, 엇갈린 듯 닮은 이들의 신념의 원천은 무엇일까요?

차례

불교 & 크리스트교(313)

종교, 인간의 삶에 스며들다

286

성 세바스티아누스의 순교

313

로마, 밀라노 칙령으로 크리스트교 공인

372

고구려, 전진으로부터 불교 수용

384

백제의 불교 수용

527

신라, 이차돈의 순교

"전진(前秦)이 고구려로 사신을 보내어 서로 친하게 지내자는 뜻을 표해 왔다. 이 사신들 중에서 승려 순도가 전진의 왕이 보내 준 불상과 경전을 가지고 왕을 만났다. 왕은 이를 크게 환영하여 기뻐하였으며 답례품을 바쳤다."

372년, 한반도에서 불교가 공식적으로 인정된 최초의 순간이었어. 4세기 초부터 이미 민간에서 전파되고 있던 불교를 고구려 소수림왕이 공인하면서 한반도에 불교의 시대가 왔음을 알렸지.

"로마 제국 내에서 크리스트교의 자유를 허용한다. 또한 그동안 크리스트교인들이 몰수당했던 교회 재산도 무상으로 돌려주며, 크리스트교인을 속박하는 모든 법률을 폐지한다."

한반도에 불교가 확산되기 시작할 즈음, 유라시아 대륙의 반대편에 있는 유럽의 로마에서도 313년, 한 종교를 인정하기 시작해. 바로 크리스트교였어. 위 포고문은 바로 로마 황제가 크리스트교를 공식 인정한 '밀라노 칙령'의 일부야. 이후 크리스트교는 점차 확산되어 4세기 말에는 로마의 국교까지 되었어.

비슷한 시기 대륙의 동쪽과 서쪽에서 사람들 사이로 종교가 전파되고 있었어. 동양과 서양을 대표하는 이 두 종교는 어떤 특징을 가지고 있을까? 그리고 오늘날 우리에게 어떤 영향을 미치고 있을까?

01

나무아미타불…
한반도에 울려 퍼진 목탁 소리

372년, 우리가 지금 살고 있는 한반도에는 여러 나라가 존재했어. 한반도 북쪽에선 고구려가 중국과 국경을 마주하고 있었고, 남쪽에선 백제와 신라, 가야가 서로 국경을 맞댄 채 성장하고 있었지. 각 나라들은 서로를 견제하며 강한 국가가 되기 위해 노력했어. 저마다 영토를 확장하기 위해 군사력을 키우는 한편, 국가를 효율적으로 운영하기 위해 법을 만들고 국가 체제도 정비했지.

이런 노력이 한창 벌어지던 한반도에서 372년은 매우 의미 있는 해였어. 이때 처음으로 고구려에서 불교를 수용하게 돼. 《삼국사기》라는 책의 기록을 보면, 고구려가 **소수림왕** 때 중국의 전진(前秦)이라는 나라로부터 불교를 공식적으로 수용하는 모습이 나와. 순도라는 승려가 고구려로 불상과 불경을 가지고 와서 불교를 전파했다고 해. 왕은 순도를 크게 환영하며 불상과 불경을 받았고, 이를 국가적으로 널리 알렸지. 물론 그 전부터 백성들 사이에서는 어렴풋이 불교가 전파되어 가고 있었다고 해. 그런데 왕이 공식적으로 이 사실을 인정한 것은 의미가 매우 큰 사건이었어.

그렇다면 왜 당시 고구려는 불교를 공식적으로 인정하는 데 큰 노력을 기울였을까? 도대체 불교라는 종교가 삼국시대에 차지하는 중요한 의미는 무엇이었을까? 이를 이해하기 위해선 당시 국가들이 만들어지면서 생겨난 특징을 먼저 알아봐야 해.

국가가 만들어질 때는 여러 부족이 연합하는 과정을 거치게 돼. 한 부족이 다른 부족을 힘으로 정복하기도 했지만, 여러 부족이 서로 타협하고 손을 잡으면서 국가를 만들어 가는 경우도 많았어. 그런데 하나의 국가로 통합된 뒤에도 각 부족은 자신만의 독자적인 전통과 토속 신앙을 가지고 있었어. 같은 이름의 나라에 속해 있지만 사실 내부적으로는 모래알처럼 흩어진 연합을 유지하고 있던 것이지. 불교는 여러 부족으로 나뉜 나라를 하나로 뭉칠 수 있는 중요한 도구였어. 불교가 들어오고 나서부터 비로소 각 부족은 토속 신앙에서 벗어나 하나의 종교로 통합되기 시작했어. 전체 사회 구성원을 하나의 사상으로 통합하는 데 불교는 매우 큰 힘을 발휘했지.

또한 불교를 받아들이면서 각국의 왕들은 부처와 자신의 지위를 동일한 위치에 두었어. 이를 '왕즉불(王卽佛, 왕은 곧 부처다)' 사상이라

불국사 3층 석탑(석가탑)과 석굴암. 유네스코 세계문화유산으로 선정된 불국사는 751년(경덕왕 10년)에 창건된 사찰로, 신라시대 불교의 결정체라고 할 수 있다. 대웅전 앞에 있는 석가탑은 수학적으로 완벽한 비례미를 갖추고 있다. 불국사 뒤편에 자리한 석굴암은 당시의 기하학 지식을 총동원해 만든 석굴로서, 360여 개의 넓적한 돌로 원형 주실의 천장을 교묘하게 구축한 것은 세계에 유례가 없는 뛰어난 건축 기법이다.

고 해. 왕즉불 사상을 통해 당시 삼국시대 국가의 왕들은 부처의 권위를 빌려서 자신을 높이는 데 사용할 수 있었지. 실제로 중국의 커다란 불상들은 당시 황제의 얼굴을 본떠 만들기도 했어. 조금 후대의 이야기긴 하지만, 6세기 신라 진흥왕은 아들 이름을 부처의 아들 이름에서 따왔다고 하고, 신라를 '불국토(佛國土, 부처의 나라)'라고 부르며 불교 국가로 나아가려는 모습까지 보였지.

이처럼 372년 고구려의 불교 수용은 삼국의 발전 과정에서 매우 중요한 위치를 차지해. 이후 백제가 384년 침류왕 때 중국의 동진이라는 나라로부터 불교를 받아들였고, 신라는 이보다 150여 년 뒤인 527년에 불교를 수용하게 되지. 이제 한반도 전역에 목탁을 치며 경전을 읊는 풍경이 펼쳐지게 된 거야.

지구 반대편,
로마를 가득 채운 십자가

한반도에 불교가 전파될 무렵, 유럽의 로마에서도 비슷한 상황이 펼쳐지고 있었어. 313년, 로마 황제 **콘스탄티누스**가 당시 유행하던 크리스트교를 공식적으로 인정하는 **밀라노 칙령**을 발표했지.

사실 수많은 신을 믿는 로마의 다신교와 달리 크리스트교는 유일신을 믿는 종교로서, 이미 민간에 널리 퍼지고 있었어. 그런데 로마 황제들은 처음에는 이 크리스트교를 철저하게 탄압했지. 로마의 전통적인 신들을 인정하지 않고 황제의 권위도 인정하지 않는다는 이유에서였어. 하지만 교인들은 카타콤(catacomb, 지하 묘지)을 통해 크리스트교를 계속 전파했지. 황제의 박해를 피해 죽은 사람을 카타콤에 매장하고 여기서 예배를 보기도 한 거야. 또 많은 순례자들이 박해 속에서도 순례를 거듭하며 포교(布教, 종교를 널리 전파함)를 계속하자, 콘스탄티누스 황제가 즉위할 무렵에는 이미 무시할 수 없을 정도의 세력으로 성장한 상태였어. 그래서 콘스탄티누스 황제도 결국 313년, 크리스트교를 공인하고 말았던 거야.

다신교와 유일신교

원래 고대 그리스와 로마의 종교는 모두 다신교로, 인간의 모습을 닮은 여러 신을 숭배했다. 대표적으로 제우스, 헤라, 포세이돈, 하데스 같은 신들이 있다. 반면 헤브라이 지역에서 등장한 유대교는 오로지 하나의 신인 '야훼'만을 믿었는데, 이것이 크리스트교와 이슬람교의 모태가 되었다. 이 세 종교는 같은 유일신을 믿지만 서로 다른 교리와 문화를 발전시키게 된다.

그럼 콘스탄티누스 황제가 크리스트교를 공인해서 얻고자 했던 것은 무엇이었을까? 우리가 앞에서 본 고구려의 상황과 크게 다르지 않아. 고구려가 불교 공인으로 얻고자 했던 것이 뭐였지? 사회의 통합과 왕권 강화였잖아. 로마도 이와 비슷한 목적을 가지고 크리스트교를 공인하고자 했어.

우선 크리스트교를 공인하면 당시 종교적으로 분열된 로마 제국이 굳건하게 통합되리라 기대했어. 다신교 사회에서 유일신교 사회로, 즉 이제 신은 오로지 하나라는 믿음 아래 종교적으로 통합되어

서로의 유대감과 단결력이 커지게 되었지.

또한 로마 황제는 이미 크게 성장한 크리스트교를 자기 세력으로 흡수해서 더 강력한 왕권을 가지길 바랐어. 잘 조직된 크리스트교 세력은 정치적 영향력이 있었지. 다른 종교들이 잘 뭉치지 않고 뿔뿔이 흩어져 있었던 데 비해, 크리스트교는 지역 공동체를 기반으로 한 조직을 가지고 잘 정비돼 있다는 점에서 국가 종교로 적합하다고 생각했을 가능성이 높아. 그래서 마침내 392년, 테오도시우스 황제에 이르러선 로마의 국교(國教, 국가의 종교)로까지 성장하게 되었어. 그리고 로마가 멸망한 후에도 힘을 계속 떨치면서 유럽 사회를 1,000년 가까이나 지배하게 되지.

그렇게 호락호락 허락해 줄 순 없다고!

불교와 크리스트교 모두 빠르게 전파되긴 했지만, 사실 그 과정이 그다지 순탄했던 건 아니야. 한반도에 불교가 수용된 것이 4세기 무렵인데, 그중 유일하게 신라는 이보다 한참 늦은 527년에 이르러서야 불교가 공인되었어. 왜 신라만 다른 나라들보다 150년이나 늦었을까?

여러 이유가 있겠지만 가장 큰 이유는, 신라에서는 각 부족들의 토착 종교가 강했고 왕도 이를 통제할 힘이 부족했기 때문에 불교가 전파되기 힘들었다는 거야. 당시 왕이었던 **법흥왕**은 불교를 공인하고 싶었지만 신하들의 계속되는 반대로 뜻을 이루기가 쉽지 않았지.

이차돈 순교비(국립경주박물관 소장).

이에 **이차돈**이라는 신하가 왕에게 자신을 희생시키라고 이야기해. 자신이 불교 공인을 주장하며 다른 신하들과 언쟁을 벌이면 자신에게 형벌을 내리라고 말이야. 왕은 머뭇거렸지만 이차돈의 뜻이 확고함을 알고 그의 뜻대로 움직이기로 하지. 이차돈은 이후 왕에게 공식적으로 불교를 인정해 줄 것을 다시 한번 간청하고, 이번에도 역시 신하들이 반대하자 왕이 이차돈의 목을 베어 버리라 명령하지. 일연 스님이 쓴《삼국유사》라는 책의 기록을 보면, 이차돈은 죽음을 앞두고 다음과 같이 말했다고 해.

"내가 불교를 위하여 형을 받으니, 만일 불교에 신령함이 있다면 내가 죽은 뒤 반드시 기이한 일이 있을 것입니다."

그 후 이차돈의 목을 베자 흰 피가 하늘로 솟구쳤으며, 해가 어두워지고 땅이 진동했다고 해. 이를 본 왕이 불교를 공인하자 신하들도 어쩔 수 없이 따랐다고 하지.

크리스트교에서도 이차돈과 같은 순교자들이 있었어. 대표적인 인물이 바로 **성 세바스티아누스**야. 세바스티아누스는 원래 로마의 군인이었는데, 나중에는 황제를 호위하는 근위대장 지위까지 오르게 돼. 그런 그가 크리스트교를 믿게 되었어. 세바스티아누스는 근위대장의 직위를 이용해 감옥에 갇힌 크리스트교인들을 몰래 풀어 주곤 했지. 하지만 꼬리가 길면 밟히는 법이라고, 결국 그 사실을 들키고 말아.

안드레아 만테냐, 〈성 세바스티아누스〉(1480년경, 루브르 박물관 소장).

황제는 몹시 분노하여 그를 사형에 처하라는 명령을 내렸어. 하지만 사형장에서 수십 발의 화살을 맞고도 그는 죽지 않았어. 기적이 일어난 거야. 다시 살아난 그는 계속 크리스트교를 전파하는 데 힘쓰지. 그는 스스로 황제 앞에 나아가 황제가 크리스트교인을 박해하는 것을 공개적으로 비판했어. 세바스티아누스는 결국 두 번째 사형 명령을 받고 순교했어. 크리스트교에서는 화살을 맞고도 살아남은 그의 모습을 기려 수호 성인(聖人, 성스러운 사람)의 상징으로 삼게 되었지.

이차돈과 세바스티아누스의 이야기에서 알 수 있듯이, 당시 두 종교는 오랫동안 기존의 토착 종교나 권력에 저항하며 전파되는 과정을 거쳤어. 그렇게 아주 오랜 시간을 거치면서 종교가 문화로서 확산된 거야. 그리고 결국 기적을 일으켜서 사람들이 종교를 믿도록 만들었지. 진짜 기적이 일어난 것일까? 실제로 목에서 흰 피가 솟구쳤고, 수십 발의 화살을 맞고도 살아남았을까? 그건 사실인지 아닌지 알 길이 없지만, 아무도 믿지 않았던 종교를 사람들에게 전파하기란 너무나 어렵고 기적적인 일이었기 때문에, 후대 사람들이 이런 이야기까지 만들어 내면서 그들을 기적의 성인으로 칭한 것은 아닐까?

종교, 사람들의 삶 속에 스며들다

비슷한 시기에 국가적인 인정을 받고 국가의 지원 아래 전파된 두 종교는 이후 사람들의 삶을 크게 변화시키게 돼. 단순히 신앙의 형태를 넘어 종교는 당시 문화의 핵심이었어. 모든 문화적 산물은 대부분 종교를 기반으로 해서 나왔지. 그러다 보니 민중에게도 큰 영향을 주었어.

불교가 전파된 고대 동아시아 지역의 모든 학문은 불교를 연구하면서 발전했어. 불교 경전은 아주 어려웠기 때문에 이를 해석하기 위한 다양한 책들이 나오게 돼. 지식인들은 불교 경전의 내용을 해석하기 위해 끊임없이 토론했고, 대중에게 어떻게 하면 쉽게 불교의 내용을 알려 줄까 깊이 고민했어. 그러는 과정에서 자연히 학문도 크게 발전했지. 한반도에선 불경이 모두 한문으로 번역되었기 때문에 한자가 매우 중요한 문자가 되었어.

이뿐만 아니라 탑을 세우고 절을 짓는 데에도 그 당시 최첨단 기술이 사용되었어. 경주에 있는 불국사의 모습을 보면 당시의 모든 건축 지식과 과학기술이 총동원된 것을 확인할 수 있어. 원효와 의상 같은 승려들은 백성들에게 불교를 쉽게 전하려고 노력하면서 모든 사람이 부처가 될 수 있다고 설파했지. 또 사찰 곳곳에는 벽화가 그려졌는데, 어려운 불교 경전의 내용을 쉽게 표현하고자 그린 거야. 당시 글을 알지 못했던 수많은 민중에게 불교의 진리를 전파하고자 했던 거지.

이런 특징은 크리스트교에서도 비슷한 모습으로 나타나. 크리스트교는 로마 시대에 공인된 이후 유럽 사회를 지배하는 매우 중요한 종교로 성장해. 크리스트교가 중심이 된 중세 유럽 사회에선 수도원과 교회가 학문의 중심지였어. 신학을 설명하기 위해 다양한 철학적 논의를 활발하게 벌였고, 책을 만드는 출판도 모두 교회와 수도원에서 도맡았지.

프랑스에 있는 샤르트르 대성당의 북쪽 장미창(1235년경). 이 창의 스테인드글라스는 특히 아름답기로 손꼽힌다.

유럽 교회에 가 보면 큰 창문에 형형색색의 유리로 그림이 그려진 모습을 볼 수 있을 거야. 이 유리 그림 장식을 '스테인드글라스'라고 해. 이런 스테인드글라스 그림들에는 성경의 내용이 그려져 있어. 당시 글을 잘 몰랐던 민중에게 성경 내용을 알려 주기 위해 만든 것이지. 마을마다 있는 교회에서는 매주 하루 이상 모두가 모여서 함께 신을 위해 기도했어. 그 속에서 사람들이 어울려 살아가는 공동생활을 영유하게 돼. 유라시아 대륙의 동쪽 끝부터 서쪽 끝에 이르기까지 사람들의 삶에 종교가 스며들기 시작한 거야.

이렇듯 4세기 무렵 동서양 사람들 모두에게 종교는 영혼의 안식처로서만이 아니라 삶의 일부로서 함께했어. 세계가 점차 과거의 각 부족별로 조상신이나 자연신을 믿는 신앙에서 벗어나 보편적인 믿음을 추구하는 사회로 변화했음을 보여 주지. 종교를 만든 건 사람들이었지만, 이제는 종교가 사람들의 삶과 역사에 매우 큰 영향을 미치게 된 셈이야.

선덕여왕 & 스이코 천황(593) & 측천무후(690)

여성, 군주의 자리에 오르다

593
일본, 스이코 천황 즉위

618
당 제국 건설

632
신라, 선덕여왕 즉위

645
신라, 황룡사 9층 목탑 건립

676
신라, 삼국통일

690
당, 측천무후 즉위

"신라 여왕이 덕은 있으나 위엄이 없어 주변에서 괴롭히는 것이니, 커다란 탑을 세우라. 그러면 주변 국가들이 머리를 조아릴 것이다."

당나라에 유학을 갔던 승려 자장이 '신비로운 사람'의 계시를 듣고 신라로 돌아와 선덕여왕에게 건의하니, 여왕은 645년에 황룡사 9층 목탑을 건립했어. 불교의 힘으로 위기를 극복하고자 했던 선덕여왕은 우리나라 최초의 여성 군주였지.

"해 뜨는 곳의 천자(天子)가 해 지는 곳의 천자에게 글을 보냅니다."

일본(왜)의 스이코 천황이 수나라 황제인 양제에게 보낸 외교 문서의 첫 문장이야. 수나라와 같은 수준의 나라임을 내세우고 싶었던 스이코는 일본 최초의 여성 군주였어.

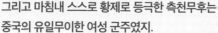

"무측천은 나라를 다스림에 있어서 특출 난 인재임이 틀림없다. 그는 다른 사람을 헤아릴 수 있는 도량이 있을 뿐만 아니라 사람을 알아보는 지혜와 사람을 다루는 기술을 가졌다."

20세기의 중국 공산당 지도자 마오쩌둥은 측천무후를 이렇게 극찬했지. 당나라의 여자 황제인 측천무후는 당나라를 번성하게 만든 태종과 현종에 비견될 정도로 안정과 번영을 가져왔어. 후궁에서 황후로, 그리고 마침내 스스로 황제로 등극한 측천무후는

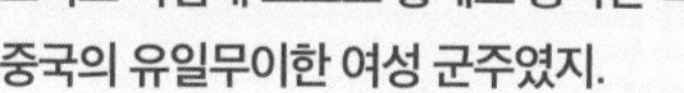
중국의 유일무이한 여성 군주였지.

02

여왕의 시대?

2022년 9월 8일, 영국 여왕 엘리자베스 2세가 98세의 나이로 사망하면서 뉴스에 크게 보도됐던 거 기억하니? 엘리자베스 2세는 영국 역사상 가장 긴 70년의 재위(1952~2022) 기간을 기록했어. 더구나 여왕으로서는 전 세계 역사상 가장 오랫동안 왕위에 있었다고 하니 대단하다고 할 수 있지.

그런데 가만히 살펴보면, 인류 역사에서 여성이 왕이나 황제 자리에 오른 경우는 무척 드물어. 그나마 고대 이집트의 클레오파트라나 영국의 빅토리아 여왕과 엘리자베스 1세, 오스트리아의 마리아 테레지아 등 서구 역사에서는 간간이 찾아볼 수 있지만, 동아시아에서는 우리나라의 선덕여왕이나 중국 당나라의 측천무후 정도가 있었을 뿐이야.

인류 역사가 주로 물리적 힘을 겨루는 싸움과 전쟁을 통해 전개되다 보니 일찍부터 남성을 중심으로 한 질서가 뿌리내렸고, 자연스럽게 남성 지배 구조가 만들어졌어. 여성이 나랏일에 큰 영향력을 미친 적이 있다 하더라도 권력자를 도와주는 조연이나 배후 조종자 역할을 하는 경우가 대부분이었지. 이를테면 빼어난 미모로 당나라 현종을 휘어잡았던 중국의 양귀비나, 고종과 흥선대원군(고종의 아버지)을 능가하는 영향력을 발휘했던 우리나라의 명성황후도 그저 후궁 또는 왕후의 지위였을 뿐이야. 영화나 드라마 소재로는 매력적일 수 있지만, 권력의 정점은 아니었기에 한계는 분명했지. 그래서 여성이 국가 권력의 최고 지위에 올랐다는 사실은 의미가 남다를 수밖에 없어.

이처럼 여성이 군주의 자리에 오른 사례는 극히 드물어. 그런데 그 흔하지 않은 사례 중 하나가 바로 우리나라의 선덕여왕이야. 흥미로운 건 선덕여왕이 재위하던 무렵에 중국에선 여황제 측천무후가 등장했고, 일본(왜)에서도 스이코 천황이라는 여성 군주가 처음으로 나타났다는 사실이야. 그들은 어떻게 여성으로서 군주의 자리에 오를 수 있었던 걸까?

우리나라 최초의 여성 군주, 선덕여왕

신라 제27대 왕인 선덕여왕은 진평왕과 마야부인 김씨의 장녀로 태어났어. 어릴 적 이름은 덕만으로 알려져 있으나 출생 연도가 언제인지는 기록되어 있지 않아 즉위할 당시 나이를 알 수 없어.

진평왕이 아들 없이 죽자 신라의 귀족 회의인 **화백 회의**에서는 진평왕의 딸 덕만을 새로운 왕으로 추대했어. 《삼국유사》의 기록을 보면, 여성이 왕으로 추대될 수 있었던 건 그동안 왕위를 세습해 왔던 성골 중에서 남자가 없어서라고 적혀 있어.

진평왕의 재위 시기(579~632)는 공교롭게도 일본 최초의 여자 군주인 스이코 천황이 재위했던 시기(593~628)와 겹쳐 있어. 그래서인지 진평왕이 딸을 후계자로 삼는 데 일본에서 여왕이 즉위했다는 소식을 참고했다는 주장이 있기도 해.

632년 선덕여왕이 즉위할 당시 신라는 안팎으로 힘든 상황이었어. 6세기 중후반에 신라의 전성기를 이끈 진흥왕은 가야를 병합하고, 북쪽으로는 함경 지역, 서쪽으로는 한강 유역까지 신라의 영토를 확장했지만, 뒤를 이은 진지왕과 진평왕 시기 내내 고구려와 백제는 끊임없

골품 제도 [뼈 골(骨), 물건 품(品)]

신라시대에, 혈통에 따라 나눈 신분 제도. 왕족은 성골과 진골로 구분되는데, 무열왕 이전까지는 성골이 왕위를 세습했다. 진골은 귀족으로 대우받았다. 육두품·오두품·사두품은 지배 계층, 삼두품 이하는 평민이었다.

이 반격을 시도했지. 신라는 점점 사면초가의 상황에 처하게 됐고, 중국의 수나라와 당나라에 도움을 청할 만큼 어려웠어. 더군다나 신라 내부에서도 진골 귀족의 반란이 일어났지. 이렇게 선덕여왕은 내우외환의 어려움 속에서 왕위에 올랐어.

우리나라 최초의 여성 군주인 선덕여왕(재위 632~647)의 정부 표준 영정(대구 부인사 소장).

선덕여왕이 즉위한 후에도 고구려와 백제의 공격은 멈추지 않고 계속되었기에 당나라에 구원 요청을 하는 한편, **김유신** 장군을 앞세워 막아 내고 있었지. 당시 상황을 잘 보여 주는 일화가 바로 **김춘추**의 탈출 이야기야. 김춘추는 선덕여왕의 조카이자 김유신 여동생의 남편이기도 한데, 훗날 신라 제29대 왕이 되어 우리에겐 태종 무열왕으로 잘 알려져 있지.

신라는 백제의 공격으로 어려움에 처하자 김춘추를 고구려로 보내 집권자인 연개소문과 협상을 벌이게 했어. 고구려는 신라가 차지한 옛 고구려 땅을 반환하라는 조건을 내세웠지. 하지만 김춘추는 이를 거절했고 협상은 결렬되었어. 그러자 고구려는 김춘추를 감금했지. 그때 김춘추는 '별주부전' 이야기처럼 꾀를 내어 도망쳤어. 신라 왕에게 옛 고구려 땅을 반환하도록 건의하겠다고 거짓말을 하고 풀려난 거지. 선덕여왕 시기에 신라가 대외적으로 큰 어려움을 겪었음을 잘 보여 주는 일화야.

한편《삼국유사》에는 선덕여왕의 비범한 능력을 알려 주는 일화 세 가지가 있어. 첫 번째 일화는 즉위할 당시 시험에 맞닥뜨렸던 이야기야. 선덕여왕이 즉위하자 당의 황제였던 태종이 모란꽃 그림과 씨앗을 선물로 보냈는데, 선덕여왕은 이를 보고 "이 꽃은 향기가 없을 것이다"라며 남편이 없는 자신을 조롱한 것이라고 했대. 그런데 씨앗을 심고 꽃이 피니 정말로 향기가 나지 않았다고 해. 훗날 신하들이 그렇게 생각한 이유를 물어보니, 꽃 그림에 나비가 없는 걸 보고 알았다고 했대.

두 번째 일화는 선덕여왕의 군사적 능력이 어땠는지를 보여 주지. '영묘사'라는 절을 세운 후 어느 겨울날, 절의 연못에서 개구리들이 사흘 동안 울어 대는 걸 보고 선덕여왕이 백제의 기습을 미리 알아차렸다고 해. 그래서 군사를 보내 서라벌(경주) 서쪽 계곡에 숨어 있던 백제군을 섬멸했다는 거야.

세 번째 이야기는 불교와 관계가 깊어. 당시 신라 왕실은 불교에 진심이었어. 왕실과 부처를 동일시하고자 진평왕은 자신과 부인의 이름을 석가 부모의 이름에서 따왔고, 딸인 선덕여왕의 이름은 석가의 이름으로, 진덕여왕은 불교 경전 주인공의 이름으로 지을 정도였다지.[1] 선덕여왕은 자신이 죽으면 도리천(天)에 묻으라며 그곳이 경주 낭산의 남쪽에 있다고 했어. 도리천은 불교 경전에 나오는 명칭인데, 실제로 여왕이 죽고 난 뒤 낭산 남쪽에서 장사를 지냈다고 해. 그런데 20여 년 후 문무왕이 선덕여왕 묘지 아래에 '사천왕사'라는 절을 건립했어. 불교 경전에는 사천왕(四天王) 하늘 위에 도리천이 있다고 쓰여 있거든. 그러니까 선덕여왕은 후대의 왕이 자신의 무덤 아래에 사천왕사를 지을 거라 예측한 셈이야.

황룡사 9층 목탑

황룡사라는 절에 세운 9층짜리 나무탑. 부처의 힘으로 주변 아홉 나라를 평정하기를 기원하는 의미로 만들었다. 80미터가 넘는 높이의 웅장한 탑으로 신라의 수도 경주 어디서나 보일 정도였다고 한다. 고려 시대에 몽골의 침략으로 불에 타서 현재는 터만 남아 있다. 황룡사 역사 문화관에 10분의 1 크기의 복원 모형을 만들어 전시하고 있다.

이런 기이한 이야기를 읽으면, 선덕여왕의 지혜로움과 불교에 대한 독실한 마음이 어느 정도였는지 알 수 있지. 선덕여왕은 16년의 재위 기간 동안 대내외적인 어려움 속에서도 불교 진흥을 통해 왕의 권위를 높이고, 신라가 부흥할 수 있도록 노력했어. 분황사와 영묘사 등 25개의 절을 경주에 세웠고, 승려 자장의 건의로 **황룡사 9층 목탑**을 만들었어. 그러다 보니 불교 세계관을 바탕으로 한 《삼국유사》는 다른 왕에 비해 선덕여왕의 일화를 많이 언급하고 있지. 세계에서 가장 오래된 천문대로 알려진 경주의 **첨성대**도 선덕여왕 시기에 세워진 거야.

선덕여왕은 현명한 군주였을까, 나약한 임금이었을까?

선덕여왕은 647년, 즉위한 지 16년 만에 죽고 말아. 아버지 진평왕이 54년 동안 왕위에 있었던 것에 비하면 재위 기간이 길다고 볼 수 없지만, 국가의 위기를 헤쳐 나가기 위해 노력했던 것은 분명해. 선덕여왕은 신라 군부의 중심인 김유신과 진골 귀족 김춘추의 지지를 받으며 신라를 이끌었으나, 왕위 계승을 둘러싼 진골 귀족과의 갈등은 수그러들지 않았어. 선덕여왕이 즉위하기 전에도 진골 귀족의 반란이 있었지만, 여왕이 죽은 해인 647년에도 상대등(화백 회의 의장이자 귀족 최고 지위)인 비담이 염종과 함께 반란을 일으켰어. 반란의 구실은 여왕이 정치를 잘못한다는 것이었지. 신라 왕실의 권위가 여전히 도전받고 있었음을 보여 주는 사건이야.

선덕여왕은 반란이 진압되기 전에 병으로 죽고 말아. 뒤를 이어 사촌 동생인 승만이 진덕여왕이 되었지만 그 역시 8년 만에 사망하지. 선덕여왕이나 진덕여왕 모두 출생 연도 기록이 없다 보니 왕위에 올랐을 때의 나이를 알 수 없지만, 조카인 김춘추가 604년에 태어난 것에 비추어 보면 선덕여왕이 즉위했을 때는 아무리 낮게 잡아도 40대였을 것으로 추정할 수 있어. 두 여왕 모두 재위 기간이 길지 않았던 것도 고령의 나이에 왕위에 올랐던 탓으로 볼 수 있지.

선덕여왕에 대한 후대의 평가는 다소 갈리는 편이야. 김유신, 김춘추로 이어지는 삼국통일 주축 세력이 성장할 수 있도록 기반을 마련해 주었다는 긍정적인 평가도 있지만, 고구려·백제의 공격에 제대로 대처하지 못해 영토가 줄어들게 했다는 부정적인 평가를 받기도 해. 그러나 여성으로서 처음 군주의 자리에 올랐다는 점, 그리고 신라가 이후 통일을 이루었다는 점에서 선덕여왕의 역할이 결코 작았다고 할 수는 없지 않을까 싶어.

일본 최초의 여성 군주,
스이코 천황

이제 일본으로 건너가 볼까? 일본에서는 군주를 '하늘의 황제'라는 뜻의 '천황(天皇)'이라고 불러. 일본어로는 '덴노'라고 읽지. 물론 처음부터 천황이라고 부르진 않았어. 고대 일본에서는 '대왕(大王, 오키미)'이라는 칭호를 사용했지. 천황이라는 칭호를 쓰기 시작한 건 중국식 율령(법률) 체제를 받아들인 7세기 중반이었는데, 그때도 대왕과 천황이 섞여 쓰이다가 7세기 후반쯤 천황이라는 칭호가 율령에 포함되면서 법제화되었다고 해. 당시 주변국인 중국이나 한반도 여러 나라의 기록에 '왜왕', '왜국 왕' 등으로 표현된 것과 비교해 보면, 자기네 나라 군주의 위상을 높이고자 하는 의도가 엿보인다고나 할까?

하지만 일본 역사에서 천황이 강력한 권력을 가졌던 시기는 길지 않아. 율령을 토대로 한 중앙 집권 체제 아래서 강력한 힘을 발휘한 천황도 있었지만, 외척(외가 친척)이나 귀족들이 섭정(군주를 대신해 나라를 다스림)을 하기도 했고, 특히 12세기 후반부터 19세기 중반까지 막부 정권기에는 이름만 하늘의 황제일 뿐 실권이 없는 상징적인 존재에 지나지 않았어. 1868년 메이지 유신을 통해 정치의 중심에 다시 서기 전까지, 천황은 천 년 넘게 '잠자는 숲속의 공주'처럼 존재감이 유명무실했던 거지.

일본의 막부 정권과 메이지 유신
[군막 막(幕), 관청 부(府)]

'막부'란 1192년부터 1868년까지 약 680년간 일본을 실질적으로 통치한 장군(일본어로는 '쇼군')의 정부를 뜻한다. 그중 특히 도쿠가와 이에야스가 1600년 일본을 통일한 뒤 지금의 도쿄인 에도를 중심으로 통치했던 에도 막부(또는 도쿠가와 막부)는 세 번째이자 마지막 막부로서 가장 강력한 세력을 떨쳤다. 그러다가 1868년, 하급 무사들이 중심이 되어 에도 막부를 무너뜨리고 천황을 정치의 주역으로 다시 세운 사건이 '메이지 유신'이다.

일본도 세계 여러 나라처럼 건국 신화가 있는데, 신의 혈통을 이어받은 진무 천황을 시작으로 해서 2019년에 즉위한 나루히토 천황까지 126대째 이어지고 있다고 얘기하지. 126대까지 이어진 일본의 천황 중에 여성은 여덟 명이라고 해. 그중 첫 번째가 바로 스이코 천황이야. 일본을 넘어 동아시아 최초의 여성 군주라고 할 수 있어.

스이코는 554년, 제29대 천황인 긴메이의 셋째 딸로 태어났어. 그리고 이복오빠이자 제30대 천황인 비다쓰와 혼인해서 2남 3녀를 낳았다고 해. 아니, 이복오빠와 결혼했다고? 지금의 상식으로 보면 이해하기 어려운 가족 관계로 보이지만, 고대에는 전 세계적으로 지배층의 근친혼이 흔했어. 스이코 말고도 친인척과 결혼한 천황이 엄청 많아. 지배층의 근친혼은 왕실의 순수한 혈통을 유지하기 위한 전통이라고 봐야 할 거야. 그런데 천황의 아내였던 스이코는 어떻게 천황이 될 수 있었을까?

스이코의 남편이었던 비다쓰 천황은 585년에 사망했어. 그 뒤를 이은 건 비다쓰의 이복형제이자 처남, 그러니까 스이코의 친오빠인 요메이(제31대 천황)였어. 그런데 요메이 천황이 즉위한 지 2년 만에 후계자도 정하지 못하고(자식은 있었지만) 갑작스레 죽어 버려. 왜 죽었는지에 대한 기록이 없어서 정확한 이유는 알 수 없어. 어쨌든 요메이 천황의 갑작스러운 죽음 이후 왕위 계승을 두고 다툼이 일어나지. 외척인 소가 가문과, 군부 귀족인 모노노베 가문 간의 권력 싸움이 크게 벌어진 거야.

이 싸움의 승자는 소가 가문이었어. 그래서 요메이의 외조카인 스슌(제32대 천황)이 즉위했어. 그런데 놀랍게도 스슌 천황의 외삼촌이자 소가 가문의 실권자였던 우마코가 얼마 뒤 자신들이 옹립한 스슌 천황을 암살해 버려. 당시 스슌 천황이 소가 가문에 권력이 집중된 데에 불만을 품었기 때문에 제거되었다는 얘기가 돌기도 했어. 그 후로는 소가 가문이 무서워서 누구도 천황에 오르려 하지 않았다고 해.

이때 천황에 오른 사람이 바로 스이코였어. 물론 권력의 중심이었던 소가 가문이 옹립했기에 가능했지. 남편 비다쓰 천황이 죽은 지

일본 최초의 여성 군주, 스이코 천황(재위 593~628).

스이코 천황이 섭정을 맡긴 쇼토쿠 태자(8세기 목판 그림). 가운데에 있는 쇼토쿠 태자를 비롯해 그의 동생(왼쪽)과 아들(오른쪽)이 그려져 있다. 오른쪽 사진은 쇼토쿠 태자의 초상화가 담긴 일본 지폐.

8년 후인 593년, 두 명의 천황(둘 다 스이코의 이복형제이기도 하지)에 이어 천황의 자리에 오른 거야. 스이코가 즉위했을 때는 이미 38세로 중년에 접어드는 나이였어. 그러나 73세에 사망하기까지 장장 35년간 천황 자리에 있었지.

아스카 문화를 꽃피운 스이코 천황과 쇼토쿠 태자

사실 일본이든 중국이든 동아시아에서는 왕위 계승자를 여성으로 세우지는 않았어. 스이코가 천황에 오르게 된 건 후계자 자리를 둘러싼 권력 다툼으로 인해 일종의 공백 상태가 발생한 탓이야. 그러니 스이코 천황이 강력한 권력을 가졌다고 보긴 어려워. 일본의 고대 역사서인 《일본서기》에 따르면, 스이코 천황은 즉위한 이듬해에 요메이 천황의 장남인 쇼토쿠 태자를 섭정으로 내세워 정치를 맡겼다고 해. 형식상으로는 스이코가 천황이었지만, 실권은 쇼토쿠 태자와 소가 가문에게 있었던 거지.

쇼토쿠 태자는 고구려 승려 혜자의 제자이자, 일본 고대 문화의 기틀을 닦은 인물로 일본의 역사 교과서에도 나올 정도야. 일본 지폐의 모델로도 가장 많이 사용될 만큼 유명하지. 1930년에 처음 지폐 모델로 채택되기 시작해 이제까지 모두 일곱 차례나 사용되었다니까 어느 정도인지 알 만하지? 그는 일본에 불교를 보급했을 뿐만 아니라, 관료 조직을 정비해 천황의 중앙 집권 체제를 강화하고 중국 수나라와 외교 관계를 재개하는 등 **아스카 문화**의 전성기를 열어젖혔다는 평가를 받고 있어.

하지만 최근에는 이 모든 업적이 쇼토쿠 태자와 스이코 천황이 함께 이룬 것이라며, 스이코 천황을 새롭게 조명하는 추세야. 스이코 천황을 비롯해 여성 천황 여덟 명 중 여섯 명이 7~8세기에 나타났는데, 이들은 모두 아스카 문화의 번성에 큰 역할을 했다고 해. 여성 천황이 국가의 발전을 이끄는 능력을 발휘하다 보니 계속해서 여성 천황이 나올 수 있었던 것으로 보여.

후궁에서 황후로, 황후에서 황제로 등극한 측천무후

신라의 선덕여왕이나 일본의 스이코 천황은 전임 왕을 계승해 왕위에 오른 경우였지만, 중국의 측천무후는 그야말로 전무후무한 여성 군주였어. 후궁으로 시작해서 황제의 부인인 황후가 되었고, 거기에 만족하지 않고 스스로 황제가 되었을 뿐 아니라 태상황제 자리에까지 올랐거든.

이름이 무조(武照)였던 그는 624년에 당나라의 개국 공신(開國功

臣, 나라를 건국하는 데 공을 세운 신하)이었던 무사확의 둘째 딸로 태어나, 열두 살 어린 나이에 당 태종의 후궁으로 입궁했어. 그러다가 스물다섯 살 때인 649년에 태종이 죽자, 자식을 낳지 못한 후궁은 비구니가 되어야 한다는 당시의 법도에 따라 절로 들어갔다고 해.

그런데 태종의 뒤를 이은 스무 살의 고종은 이듬해에 무조를 다시 불러들여 자신의 후궁으로 삼았어. 후궁 시절의 무조에게 반했던 황태자 이치(李治)가 황제에 오르자 무조를 다시 후궁으로 삼은 것이지. 앞에서도 얘기했지만, 고대 국가에서는 근친혼이 흔한 풍속이었어. 중국 북방 민족들에게는 형이 죽은 뒤 동생이 형수와 결혼하는 '형사취수제' 같은 풍속도 있었는데, 형수가 다른 사람과 결혼하지 않도록 해서 재산의 유출도 막고 형수의 가족을 부양해 준다는 의미도 있었지. 그러니 고종의 이런 행동도 새삼스러운 것만은 아닐 거야.

다시 황궁으로 돌아온 무조는 고종의 정실 황후와 한 후궁 간의 암투를 거꾸로 이용해서 둘을 모두 제거했어. 그리고 655년, 31세의 나이로 정식 황후로 즉위하게 돼. 이때부터 '무황후'라고 불리지. 그 과정에서 자신을 반대했던 막강한 대신들과 관료 세력을 냉혹하게 숙청하는 정치적 수완을 발휘하기도 했어. 소심한 성품의 고종은 정치에 관여하는 무황후의 손을 들어 주었다고 해. 이듬해에 무황후는 황태자를 자신의 아들로 교체했고, 672년 고종이 병으로 정사를 돌보지 못하게 되자 본격적으로 대신 정치를 하기 시작했어.

683년 겨울, 고종이 죽고 이듬해 1월에 셋째 아들인 황태자 이현

중국 최초의 여성 황제, 측천무후
(재위 690~705).

(李顯)이 중종으로 즉위했어. 하지만 그는 두 달도 안 되어 황제 자리에서 물러나게 되었지. 권력을 탐하는 모습을 보이자 무황후가 가차 없이 쫓아내 버린 거야. 그리고 막내아들을 황제로 올렸는데, 그가 예종이야.

예종 시기에 무황후는 반대파의 저항과 반란을 진압하며 무소불위의 권력을 다지게 돼. 이후 다시 예종을 물러나게 하고, 스스로 황제의 자리에 올라. 나라 이름을 '주(周)'로 고치고, 수도도 장안에서 낙양으로 옮겨 새 왕조를 열어. 이때가 690년, 그의 나이 66세였는데, 중국 역사상 최고령으로 황제에 등극한 인물이었어. 이후 황제 자리를 다시 아들에게 물려주기까지 15년 동안을 '무주(武周) 시대'라고 불러.

'무주의 치'라 불릴 만큼 안정적인 치세를 누리다

황제 자리에 오르기까지 잔인하면서도 냉혹했던 측천무후지만, 그가 재위하던 15년 동안에는 당 태종의 전성기인 '정관의 치(治)'와 비교해도 손색없을 만큼 정치가 안정되었고, 농민 반란이 한 번도 일어나지 않을 정도로 백성의 삶도 나아졌다고 해. 그래서 측천무후의 치세를 '무주의 치'라고 불러. 또 측천무후는 과거 제도를 개편해 국가에 필요한 인재들을 선발하고 적재적소에 등용했는데, 이때 등용된 인재들이 훗날 현종 시대 '개원의 치'를 이끄는 역할을 했다는 점도 긍정적으로 평가받는 요인이지.

특히 당나라 건국 이후 100여 년 동안은 귀족들의 기득권이 형성되는 시기였는데, 측천무후는 강력한 힘을 바탕으로 이들 귀족을 숙청해 황제의 권력을 다지면서 나라의 안정을 이루었다는 점에서 정치력이 아주 뛰어난 인물로 평가받고 있어.

705년, 이제 81세가 된 측천무후는 건강이 악화하자 예전 황제였던 자신의 아들 중종에게 다시 황제 자리를 물려

연호 [해 년(年), 부르짖을 호(號)]

중국, 한국, 일본 등에서 군주가 즉위하며 자기 치세 기간에 붙인 칭호를 '연호'라고 한다. 우리나라도 삼국시대부터 고려시대까지 연호를 사용하다가 조선시대에는 중단되었는데, 조선 말기와 대한제국 시기에 다시 고종이 '건양'과 '광무', 순종이 '융희'라는 연호를 사용했다. 광무 1년, 광무 2년… 하는 식으로 연도를 표기한다. 이 글 속에 등장한 '정관'과 '개원'은 각기 당 태종과 현종 때의 연호다.

주고, 나라 이름도 다시 '당'으로 바꾸었어. 그리고 그해 겨울, 파란만장했던 삶을 마감하지. 보통은 무리하게 권력을 잡았다가 물러나면 모욕적인 죽음을 당하거나 명예를 훼손당하기 일쑤지만, 측천무후는 그런 대우를 받지 않았어. 당 왕조를 무너뜨리고 새 왕조를 세우긴 했었지만 그는 어쨌든 당의 황후였고, 그의 아들도 다시 황제를 이어받았기에 더 이상 책임을 묻기가 어려웠을지도 몰라.

측천무후는 유언으로 "황후의 예로 장례를 치르고, 묘비에는 한 글자도 새기지 말라"라는 말을 남겼다고 해. 자신의 정체성을 '황제'보다는 '황후'로 했다는 점이 갸우뚱하긴 하지만, 죽기 전에 스스로 황제에서 물러나며 당 왕조의 부활을 수긍했다는 점으로 미루어 보면 이해가 되기도 해.

여성 지도자가 등장하는 날이 다시 오길

7세기 전후로 비슷한 시기에 동아시아 삼국에서 여성 군주가 나타났다는 건 흥미로운 일이야. 물론 선덕여왕이나 스이코 천황, 측천무후가 군주에 오른 건 우연의 일치에 가깝다고 생각해. 이후에는 여성 군주가 지속적으로 나타나지 않았거든. 동아시아에서는 아들이 없으면 첩의 자식인 서자가 가문을 계승하거나, 또는 양자를 들여 계승시키기도 했고, 이마저도 없으면 사위가 이어받기도 했어. 이렇게 남성만 계승하도록 하는 관습 아래서 여성 군주는 더 이상 보기 힘들어졌지. 고대 이집트나 유럽의 사례에 비추어 보면 여성에게 기회를 주지 않았다는 점은 동아시아의 특이한 현상이라고 할 수 있어.

신분제가 사라지고 남녀평등이 제도적으로 보장되는 현대 사회에서도 여전히 여성은 사회의 중심에 서지 못하고 있어. 근대 국가가 들어서고 여성의 사회 진출, 정치 참여, 선거권 획득이 이루어진 지 100년이 넘었는데, 북유럽 대부분 국가에서 여성 지도자를 흔하게 볼 수 있는 것과 달리 동아시아에서는 여전히 여성 지도자가 희귀하지. 최근 우리나라에서 남녀평등에 대한 남녀 간의 인식 차가 점점 커지고 있는 상황도 우려스러워. 여성의 사회적 지위가 성장한 만큼 우리 사회는 더 건강해졌는지, 다시 한번 되돌아보는 시간을 가져 보면 어떨까.

1055

최충의 9재 학당 &
볼로냐 대학(1088)

대학의 탄생, 배움의 열망들

918
고려 건국

958
과거 제도 실시

992
국자감 설립

993
거란 1차 침입

1055
최충의 9재 학당 설립

1088
볼로냐 대학 시작

1096
1차 십자군 원정 시작

1150년경
파리 대학 설립

11세기 고려 현종 시대. 30년 가까이 이어지던 거란과의 전쟁(993~1019)이 겨우 끝났으나, 이를 수습하는 데 힘을 쏟느라 국자감을 중심으로 한 공교육에는 많은 관심을 두지 못했어. 이때 최충이라는 학자가 자신의 집에서 학생들을 모아 부지런히 가르치니, 젊은이들이 구름처럼 모여들었어. 과거에 응시하려는 사람들은 모두 최충의 학당에 들어가 공부하려고 했다지.

11세기 이탈리아. 상업이 발달하고 도시가 커지면서 사람들은 이제 교회나 수도원 중심의 교육이 아니라, 세속적 학문인 법률에 관심을 갖기 시작했어. 복잡해진 상거래와 도시 생활을 효율적으로 규율하기 위해서였지. 이때 전문적으로 법률을 연구하는 이르네리우스라는 법학자가 등장했고, 그의 강의를 듣기 위해 수많은 젊은이가 국경을 넘어 볼로냐로 향했지.

배움을 향해 모여든 학생들, 그들은 어떻게 공부했을까?

03

천 년 전 학생들은 어떻게 공부했을까?

언젠가 TV에서 방영했던 〈스카이 캐슬〉이라는 드라마 기억하니? 자녀를 좋은 대학에 보내려는 비뚤어진 교육 현실을 잘 보여 주어 화제가 되었어. 다 알다시피 오늘날 우리나라 학생들은 유치원, 초등학교, 중학교, 고등학교 그리고 대학에 이르기까지 공교육 제도 안에서 교육을 받지만, 교육열이 워낙 높아서 원하는 대학에 진학하고 취업을 하기 위해 따로 학원을 다니며 사교육을 받기도 해.

그렇다면 과거의 학생들은 어땠을까? 동서양을 막론하고 좋은 직업을 얻기 위한 배움의 열정은 크게 다르지 않았던 것 같아. 비슷한 시기에 지구 양편에서 동시에 등장한 사립 고등교육기관이 있어. 고려시대 최충의 문헌공도를 비롯한 '사학 12도'와, 중세 유럽의 볼로냐 대학과 파리 대학이야. 이들을 살펴보기 전에, 잠시 우리 역사 속 교육기관도 한번 짚고 넘어가 볼까 해.

우리나라에서 국가가 설립한 고등교육기관으로는 고구려의 태학, 신라의 국학, 발해의 주자감, 고려의 국자감, 조선의 성균관이 있었어. 모두 국가가 주도해서 관료를 양성했던 일종의 국립대학이야. 교과서에서도 많이 들어 봤을 거야. 그리고 또 다른 교육기관으로 고구려의 경당이나 신라의 화랑도가 있는데, 자세한 기록이 남아 있지 않아 상세한 내용은 알 수 없어. 하지만 경당과 화랑도의 학생들은 심신을 단련하며 공부를 했고, 국가는 이곳에서 뛰어난 인재를 발탁해 채용하기도 했던 것 같아.

최초의 사립학교,
배움의 열정으로 들끓다

고려는 불교 사회였지만, 통치 이념으로 유학을 채택해서 유교적 소양을 갖춘 인재를 관료로 선발했어. 특히 고려 초기인 광종 9년(958)에 **과거 제도**를 실시했는데, 처음으로 신분이나 세습에 의해서가 아니라 시험을 통해서 관료를 선발하게 된 거야. 그러니 교육기관도 과거 제도에 맞추어 운영될 수밖에 없었지.

과거를 치르고자 하는 예비 관료들을 교육하기 위해 국가에서 세운 대표적인 교육기관이 국자감이야. 그런데 고려는 신분제 사회였기 때문에 국자감에 입학할 수 있는 신분이 한정되어 있었고, 아버지의 관직에 따라 들어갈 수 있는 반도 달랐다고 해. 그런데 이즈음 국자감에 위기가 닥쳐와. 성종 12년(993)부터 현종 9년(1018)에 이르기까지 **거란(요)**이 세 차례에 걸쳐 침략한 거야. 긴 전쟁으로 인해 국자감의 교육은 더욱 침체될 수밖에 없었지.

> 현종 이후 전쟁이 겨우 멈추었으나 문교에는 힘쓸 겨를이 없었다.
>
> -《고려사》

전쟁은 끝났지만 복구 사업을 벌이느라 정부는 국자감에 신경 쓰기가 쉽지 않았어. 그러다 보니 과거시험을 준비하는 데에 국자감이 별 도움이 안 되었던 모양이야. 그러자 국자감에서 공부하던 많은 학생들이 학업을 그만두고 고향으로 돌아가기를 원하게 되었어. 중앙 관료들 중에서도 국자감이 재정을 낭비하고 현재 실정에 맞지 않으니 폐지하자고 주장하는 사람까지 있었지. 하지만 과거를 통해 관직에 진출하고자 하는 사람들은 계속 있었기에, 이들의 학구열을 충족시키

고려-거란 전쟁(여요전쟁)

993년부터 1018년까지 약 26년 동안 거란은 세 차례나 고려를 침략했다. 1차 침입(993)은 서희의 담판으로 극복했고, 2차 침입(1010)은 현종이 거란을 방문할 것을 조건으로 마무리되었으며, 3차 침입(1018)은 강감찬이 귀주에서 거란을 크게 격파하며 승리로 이끌었다.

기 위한 새로운 교육기관이 필요해졌지. 이때 최충이 사립학교를 설립하게 된 거야.

> 최충이 후진을 불러 모아 열심히 가르치고 깨우치자 그의 집 문과 거리를 가득 메우고 넘치게 되었다. 그리하여 구재(九齋)로 나누었으니 (…) 그 뒤부터 무릇 과거에 응시하려는 자들 모두 이름을 구재에 올리니, 이를 '문헌공도(文憲公徒)'라고 일렀다. -《고려사》

최충은 과거를 통해 관료로 발탁된 이후 70세까지 다양한 관직을 거쳤고, 실록 편찬에도 참여했다고 해. 특히 과거를 주관했던 '지공거'라는 관직을 지낸 경력은 과거를 준비하는 학생들에게 매력적인 요소로 작용했지. 한마디로 과거시험 출제 경향을 콕 집어 주는 족집게 선생이라고나 할까?

그러다 보니 그가 설립한 학교에 학생들이 몰려들었어. 최충의 시호인 '문헌'을 따서 **문헌공도**라는 이름이 붙었는데, '문헌공의 무리'라는 뜻이야. 여기서 '도(徒)'는 스승과 제자 무리를 말하지. 아무튼 학생들이 너무 많이 몰리다 보니 아홉 반으로 나누어 '9재(九齋)', 즉 아홉 서재를 만들었어. 그래서 문헌공도를 흔히 '9재 학당'이라고 불러.

최충의 학교가 번성하자 다른 관료들도 앞다투어 학교를 설립하면서 총 12개의 사학(私學, 사립 교육기관)이 융성하게 되었어. 그래서 이를 **사학 12도**라고 하지. 학교를 설립한 사람들은 대부분 최충처럼

최충의 초상(홍천박물관 소장).

지공거를 지내거나 국자감 예비시험관 또는 높은 관직을 역임한 경력이 있었어. 그래도 사학 중에서는 최충의 문헌공도가 으뜸이었지. 최충의 아들과 손자도 과거에 합격해 높은 관직까지 진출했으니, 과거 준비를 위한 교육기관으로서의 능력은 이미 증명된 것이었다고 할까?

사학 12도에서는 무엇을 공부했을까?

사학 12도는 설립자 개개인의 집에서 시작됐어. 고위 관료로서 당시 수도인 개경(오늘날의 개성)에 거주하던 설립자들은 과거시험을 준비하는 학생들을 대상으로 학교를 열었어. 그러니 교육 내용도 당연히 과거시험에 초점을 맞추었겠지. 그렇다면 어떤 내용을 공부했을까?

기록이 많지 않아 내용을 자세히 알기는 어렵지만, 9재 학당의 교육 과정을 살펴보면 《주역》《예기》《좌전》 등을 비롯한 9개의 유교 경전[2]과, 《사기》《한서》《후한서》 등 3개의 역사서를 가르쳤다고 해. 그리고 당시 과거시험 과목에는 명경업(유교 경전 시험), 제술업(문장 짓기), 잡과(기술·기능 시험)가 있었는데, 유교 경전을 익히는 것도 물론 중요했지만 특히 글쓰기(제술)도 중요했어. 그런데 국자감에서는 제술에 대한 교육은 거의 이루어지지 않은 데 비해, 최충의 9재 학당에서는 독특한 교육 방식으로 제술도 가르쳤다고 해.

> 매년 여름 귀법사의 스님 방을 빌려 여름 공부를 하였는데, 생도 가운데서 급제하고 학문은 우수하나 아직 관직에 나가지 않은 사람들을 택하여 교도로 삼아 9경과 3사를 가르치게 하였다. 어쩌다 선배가 내방하면 초에 금을 그어 놓고 시를 지었으며, 그 석차를 게시하고 이름을 불러 들어오게 하여 조촐한 잔치를 베풀었다. -《고려사》

자신이 사는 곳을 벗어나 공기 좋은 사찰이라는 색다른 환경에서 공부하는 것은 좋은 자극이 되었을 거야. 또 과거에 급제한 선배가 와서 시를 짓게 하고 격려하는 과정은 같은 학교 선후배 간의 유대감을 두텁게 하고, 이는 훗날 관직에서 만났을 때 같은 동문이라는 결속감으로 이어졌겠지. 또한 마치 시계처럼 초에 금을 그어 놓고, 초가 그 금까지 타들어 갈 동안 제한된 시간 안에 시를 짓게 하는 방법은 그간 닦아 온 실력을 시험하는 계기가 되었겠지. 이처럼 독특한 교육 방법은 다른 사학과도 차별화되어 자기 학교에 대한 자부심을 갖게 해 주었을 거야.

이런 사학들의 입학 자격에 대한 기록은 찾을 수 없어. 다만 최충의 학교 출신 중에 신분이 높지 않은 학생이 꽤 있는 것으로 봐서, 국립학교인 국자감에 비해 문턱이 낮았을 것이라 추측할 수 있어. 고려 중기 최고의 문신 중 하나인 이규보도 최충의 9재 학당 출신으로,

원래 지방 향리의 자제였대. 이규보는 고구려 건국 신화를 웅장하게 서술한 서사시 〈동명왕편〉을 지은 것으로 유명한데, 앞에서 말한 '초에 금을 그어 놓고 시를 짓는' 수업에서 연이어 1등을 했던 뛰어난 학생이었지. 그러니 하급 관리나 지방 관리의 자제들은 너도나도 이들 사학에 입학해 과거시험 준비를 한 거지.

당시 과거 시험관과 그 합격자들은 서로 각별한 사제 관계를 이루며 정치적 유대로까지 이어졌대. 지금으로 치면 어느 교수의 제자들, 또는 시험에서 같은 기수 합격생들 간에 유대관계를 유지하는 것처럼 말이야. 이러한 관계를 통해 정치적 영향력을 가지게 되니 합격생을 많이 배출하는 것이 유리했겠지. 그러니 최충의 사학은 더욱 인기가 높아질 수밖에 없었어.

학생들이 사학으로 몰리자 정부에서는 공교육을 진흥하기 위해 여러 노력을 기울였어. 그 결과 예종 때 국자감을 정비해서 전문 강좌 '7재'를 설치하고, 또한 과거를 응시하려면 국자감에서 3년 동안 수학해야 한다는 기준을 정했어. 이는 사학에서 교육을 받은 학생도 국자감에 다시 입학해야 과거를 볼 수 있다는 걸 의미하는 거야. 또 국자감 학생들을 지원하기 위해 '양현고'라는 장

무신정변 [굳셀 무(武), 신하 신(臣), 정치 정(政), 변할 변(變)]

'무신들이 일으킨 정변'이란 뜻으로, '정변'은 반란이나 혁명, 쿠데타 따위로 인해 생긴 큰 정치적 변동을 말한다. 정중부를 비롯한 당시 무신들은 문신에 비해 차별 대우를 받는다고 여겨 불만을 품고, 1170년(의종 24년)에 정변을 일으켜 무력으로 권력을 장악했다. 이후 정중부, 경대승, 이의민, 최충헌, 최우 등으로 이어지는 무신 정권이 100년간 군림하게 된다.

학 재단도 만들었어. 이러니 사학은 위축될 수밖에 없었지. 그러다가 **무신정변**(1170)이 일어나고 **몽골**이 연이어 침입(1231~1259)하자 사학이 교육기관으로서 역할을 하기 어려워지면서 점차 쇠퇴하게 되지.

몽골의 침입

1231년부터 1259년까지 몽골은 여섯 차례에 걸쳐 고려를 침입했다. 약 30년에 걸친 몽골의 침입으로 고려는 커다란 피해를 입게 되었고, 무신 정권이 무너지는 계기가 되었다.

결국 사학은 국가 교육기관에 흡수되어 고려 말인 공양왕 3년(1391)에는 완전히 폐지되었어. 하지만 사학 12도는 과거시험을 준비하는 학생들을 교육해 국가가 필요로 하는 관리를 양성하고, 유교적 덕목을 갖춘 인재를 키우는 데 공헌한 바가 컸지. 또한 흔들리는 공교육의 부흥을 촉진했다는 점에서도 큰 의의를 가진다고 할 수 있어.

유럽 대학의 시작, 볼로냐와 파리

그렇다면 비슷한 시기에 지구 반대편 서양의 사립 고등교육기관인 대학은 어떻게 생겨났을까? 서양의 대학은 11세기 후반부터 12세기에 걸쳐 이탈리아 볼로냐와 프랑스 파리에서 각각 다른 형태로 시작되었어.

중세 유럽에서는 우리가 알고 있듯 교회가 모든 교육을 독점하고 있었어. 수도원이나 교회에 속해 있는 학교에서 주로 도맡아 학생들을 가르친 거지. 그러다가 상업과 도시가 발달하고 지식에 대한 욕구가 증가하면서 교회가 전담하던 교육으로는 만족하지 못하고, 교회의 통제에서 벗어난 사립학교가 생겨나게 돼.

이런 움직임이 먼저 나타난 곳이 이탈리아야. 이탈리아는 과거 로마 제국의 중심지이자 대표 도시였던 로마가 있는 나라이기도 하지. 그래서 로마법으로 거대한 제국을 통치했던 경험과 노하우를 가지고 있었어. 더불어 상업이 발달하고 도시가 커지면서 세속적 학문인 법률에 관심을 갖기 시작했지. 그리고 이와 관련한 전문직 종사자인 판사, 보증인, 감정가, 법률 고문이 필요하게 되었어.

볼로냐는 이탈리아 북부와 중부를 연결해 주는 접점에 위치해 있는데, 이 지역 출신인 이르네리우스라는 법학자가 학생들을 모아 법학을 가르치기 시작했어. 그러면서 볼로냐는 법학 교육을 하는 도시로 명성을 얻기 시작해. 뒤이어 그라티아누스라는 또 다른 법학자가 등장해 자신이 속한 수도원 학교에서 교회법을 교육했는데, 신학 중에서도 실용적인 분야인 교회법의 전문가가 각광받게 되면서 그의 강의를 들으려고 사람들이 모여들었지. 그러면서 이제 볼로냐는 최고 수준의 법학 교육 도시로 확실히 자리 잡게 된 거야.

한편 파리는 볼로냐와는 달리 여전히 교회가 교육을 담당했고, 학생들도 대부분 젊은 성직자였대. 물론 성직자가 아닌 사람도 교육을

유럽 최초의 대학인 이탈리아 볼로냐 대학. 당시 볼로냐는 세계 최고 수준의 법학 교육 도시로 명성을 얻었다.

받을 수는 있었지만 말이야. 센강을 중심으로 교역이 활발해지면서 파리는 도시로서 위상이 커졌어. 이때 노트르담 대성당의 피에르 아벨라르라는 학자가 **스콜라 철학**을 바탕으로 신학을 강의하면서 학생들이 급속히 늘기 시작했대. 볼로냐가 법학을 가르친 것에서 시작했다면, 파리는 신학이 강세를 보인 거지. 아무튼 이렇게 학생들이 몰리면서 파리 대학으로 발전하게 되었어.

스콜라 철학

크리스트교 신앙을 체계적으로 정리하고, 이를 학문(철학)으로서 이해하고 입증하려 했던 중세 철학. 즉 중세 사람들이 진리라고 믿었던 크리스트교에 이성적인 근거를 부여하는 것이었다. 이 시기에 고대 그리스 문헌의 번역이 많이 이루어지면서, 아리스토텔레스를 비롯한 다양한 고대 철학자들의 사상이 크리스트교 교리에 녹아들었다. '스콜라'는 수도원 학교의 교사나 학생을 지칭하는 라틴어 '스콜라스티쿠스'에서 유래한 말이다.

볼로냐 대학과 파리 대학은 이후 설립된 유럽 대학들의 모델이 되었어. 이후 살레르노·옥스퍼드·케임브리지 대학 등 여러 대학이 생겨나게 돼.

사실 지금과 같은 형태의 대학이 정확히 언제 시작되었는지는 알기 어려워. 확실한 건 당시 대학은 지금의 대학과 같은 모습은 아니었다는 거야. 당시에는 일정한 건물 없이 돌아다니면서 강의가 진행되었거든. 우리가 생각하는 낭만적인 대학 캠퍼스는 아예 없었고, 도시의 비어 있는 교회나 건물을 찾아다니며 배움을 원하는 학생들이 강의를 들은 것이 대학의 시작이었어. 그럼에도 법학자 이르네리우스가 볼로냐에서 최초로 강의를 개설했다는 13세기 문헌이 있고, 1088년에 법률학교가 존재했다는 기록이 있지. 그래서 이런 사실을 근거로 볼로냐 대학에서는 1088년을 설립 연도로 여기고 있어. 아무튼 정확한 설립 연도보다 중요한 건, 이들 대학에서 학생들이 어떤 공부를 어떻게 했을까 하는 것이겠지?

대학생들의 공부와 시험

볼로냐 대학이 성립될 즈음, 유럽 각국의 우수한 학생들은 자신이 원하는 교수의 강의를 들으러 이 먼 타국의 도시까지 찾아올 수밖에 없었어. 도시에 거주하면서 수업료를 내고 수업을 듣기 위해서는 돈이 아주 많이 필요했지. 그래서 학생들은 본국에서 상당한 지위에 있는 계급 출신이 많았대. 그리고 대부분 더 좋은 직업을 가지기 위해 이곳까지 왔기 때문에, 오늘날의 대학생보다 나이도 많았다고 해.

그럼 당시 대학생들이 어떻게 공부했는지 살펴볼까? 대학의 모든 교재와 수업에 사용하는 언어는 라틴어였다고 해. 그리고 교수는 강의와 토론으로 수업을 진행했는데, 교재의 본문과 주석을 읽는 것으로 강의를 했어. 학생들은 교수의 수업을 들으며 내용을 필기하고 암기했고, 특정 주제에 대해 자신의 논지를 제시하는 토론을 통해 배운 내용을 자신의 것으로 소화했대. 그리고 당시에는 책값이 너무 비쌌기 때문에 학생들은 책을 사기보다는 빌리거나 손으로 직접 베껴 써서 사용했다고 해.

볼로냐 대학의 강의실 풍경. 라우렌티우스 데 볼톨리나가 그린 〈강의하는 독일의 헨리쿠스〉(1350년경, 베를린 판화와소묘박물관 소장)로, 이 그림에 등장하는 헨리쿠스는 아리스토텔레스 윤리학 전문가였다고 한다.

대학 과정에는 전공 준비 단계인 하위 학부와, 법학·의학·신학 등 전공을 배우는 상위 학부가 있었어. 하위 학부인 인문학부에서는 먼저 문법·논리학·수사학 등 3학의 기초 과정을 마치면 학사 학위를 받고, 산술·기하·천문·음악 등 4과를 공부해 시험에 통과하면 석사 학위를 받아. 이 과정을 졸업하기까지 보통 4~6년 정도가 걸렸다고 해. 그리고 상위 학부인 법학이나 의학 과정에 진학해 박사 학위를 받기까지 6년 정도가 걸렸어. 신학은 더 긴 8년 이상의 시간이 걸렸대.

석사 학위를 받으면 어디서든 가르칠 수 있는 보편적 교수 자격증을 받을 수 있었어. 이렇게 대학의 학위가 가르칠 수 있는 자격으로 체계화되었지만, 특정 직업을 얻을 수 있는 증명은 아니었지. 그러다가 15세기 즈음에 이르러서는 직업을 얻는 데 대학 학위가 중요한 수단이 되었어. 이렇게 확립된 학위 제도가 오늘날까지 영향을 미치게 된 거야.

이렇게 대학 과정을 마친 학생들이 졸업을 하려면 시험을 통과해야 했어. 공부를 열심히 한 학생이든 게으름을 피운 학생이든, 졸업 시험에 통과하기 위해 자료를 모으고 시험에 유용한 주제로 강의하는 교수들의 수업만 찾아다녔대. 파리 대학에서는 시험관이 책에 나와 있는 4문제 정도를 묻고, 그중 3문제 이상 답하면 합격으로 처리했다고 해. 또 볼로냐 대학에서는 교수들 앞에서 엄격한 종합시험을 치렀는데, 교수들의 질문에 막힘없이 대답하고, 지원자의 주장을 교수들이 반박하지 못하면 합격이 되었나 봐. 당시 대학생들이 시험을 준비하는 과정이 오늘날 학생들의 모습과 별로 다르지 않지?

대학이 특권을 누리다

볼로냐가 법학 교육으로 명성을 얻기 시작하면서 다른 지역 학생들이 대거 볼로냐로 유학을 왔고, 이들은 자신의 권리를 지키기 위해 출신지별 모임인 동향단을 조직했어. 멀리 외국에서 수업을 들으려면 식사와 숙박을 해결해야 했지. 그러다 보니 주민들이 숙박비와 필수품 값을 터무니없이 올려 받게 돼. 이런 횡포에 대응하기 위해 학생들은 뭉칠 수밖에 없었던 거지. 동향단을 바탕으로 수공업자와 장인의 길드 조직을 본뜬 학생 조합을 조직했고, 자신들을 대변해 줄 대표인 의장을 뽑았어.

볼로냐 대학의 경우 학생들이 대학이나 볼로냐시에 저항해 강의를 거부하거나 다른 도시에 생겨난 대학으로 옮겨 가기도 했지. 그러면 시에서는 경제적으로 손해이고 수업료를 받아 생활하는 교수들도 생계가 위협을 받게 되니 학생들의 요구를 수용할 수밖에 없었어. 한발 더 나아가 학생 조합은 교수를 상대로 조직적인 수업 거부를 벌이거나 강의 운영에 대한 요구를 할 정도로 상당한 영향력을 행사했지.

> 교수는 단 하루도 허가 없이 결석해서는 안 된다.
>
> 도시 밖으로 나갈 때는 다시 돌아온다는 서약과 함께 예치금을 내야 한다.

> 교수의 정규 강의에 수강생이 다섯 명 미만이면, 폐강에 준하는 벌금을 물어야 한다.
>
> 교수는 종소리가 나면 수업을 시작해서 다음 종이 울리면 1분 내로 수업을 마쳐야 한다.
>
> - 교수가 지켜야 할 행동 강령(1317)[3] 중에서

학생들의 요구가 굉장히 구체적이지? 그리고 교수들도 자신들을 보호하기 위해 교수 조합을 만들었어. 오늘날 종합대학(university)이라는 말은 '학생과 교사로 구성된 학문 조합'을 뜻하는 라틴어 '우니베르시타스(universitas)'에서 유래했다고 해.

볼로냐 대학에서 학생 조합이 우위를 보였다면, 파리 대학은 교수 조합이 우위를 차지하게 되지. 파리에서는 여전히 학문과 교육의 책임이 교회에 있었고, 이를 관할하는 것이 노트르담 성당이었어. 당시 사립학교를 설립하려면 노트르담 성당의 사원장에게 허가를 받아야 했는데 그리 까다롭지는 않았어. 그래서 교수들은 어렵지 않게 학생들을 끌어모을 수 있었지. 그러다 보니 사설 학교가 난립하게 되었고, 교육의 질을 위해 교수와 학생 조합을 결성하며 파리 대학이 형성되게 돼. 하지만 노트르담 사원장이 점차 교원 자격증 발급을 통제하고 수수료까지 부과하며 교수 조합에 영향력을 행사하려고 하자 교수들은 이에 저항했지. 결국 교황은 교수 조합의 손을 들어 주었어. 이렇게 지속적으로 교회에 저항하는 교수 조합 덕분에 대학은

조금씩 교회의 간섭과 속박에서 벗어나게 되지.

이처럼 대학의 교수와 학생 조합은 자신의 목소리를 내며 권리를 보장받았어. 대학은 시간이 지나면서 점차 이런저런 특권을 인정받게 되지. 대학과 도시민 사이에 갈등이 빚어질 때에도 교황이나 국왕은 대학의 편을 들어 주었어. 더 나아가 병역 면제, 세금 감면, 학위 수여권, 대학 내 사법권 같은 여러 가지 혜택도 누리게 돼. 즉 외부 세력의 통제나 간섭에서 벗어나 학문의 자유를 보장받게 된 거야.

그러면 왜 교황과 국왕은 대학 편을 들어 준 것일까? 대학이 성립될 때쯤 유럽은 교황과 국왕의 세력 다툼 속에 있었어. 교황은 힘의 우위를 차지하기 위한 학문적 근거를 대학으로부터 얻고 교회 업무를 담당할 인력도 제공받으려 했어. 국왕도 대학의 지식인 중에서 도시와 궁정에 필요한 인재를 끌어들이려 했지. 그러나 교황권이 약해지고 국왕의 권력이 강화되면서 국왕은 대학이 누려 왔던 각종 특권을 폐지하기 시작해. 세금을 징수하고 사법권을 박탈하지. 그리고 국왕이 교수의 급료를 지불하고 대학의 건물을 지어 주는 역할을 하면서 대학이 국가의 통제를 점점 많이 받게 돼.

또한 시간이 지나면서 이제 일정한 건물이나 장소 없이 강의하던 대학도 점차 한곳에 정착하지. 오늘날 종합대학 내의 유사한 전공 학과를 묶은 단과대학을 가리키는 칼리지(college)는 원래 가난한 학생들을 위해 마련한 기숙사를 뜻했어. 파리 대학의 왕실 사제였던 로베르 드 소르봉이 가난한 학생들을 위해 기숙사를 마련했고, 점차 여기서 강의까지 하게 되면서 독립적인 교육 단위로 자리 잡게 된 거야.

사학 12도와 중세 대학이 우리에게 주는 의미

고려의 사학 12도와 중세 유럽의 대학은 모두 사립 고등교육기관으로서, 당시 사회에서 요구하는 인재를 양성했다는 공통점을 갖고 있어. 그런데 고려의 사학 12도는 왜 계속 이어지지 못했을까? 아무래도 과거를 준비하기 위한 사교육 기관이다 보니 교육 내용이 과거 시험 과목에 한정될 수밖에 없다는 한계가 있었지. 그리고 개경에만 설립되어서 지역적 한계도 있었고.

물론 사학 12도는 폐지되었지만 국자감 부흥에 커다란 자극과 영향을 주게 돼. 국자감의 7재가 최충의 9재에서 비롯된 것만 봐도 알 수 있잖아. 또 조선에 이르러서는 '서원'이라는 또 다른 사립학교가 탄생해서 개성 있는 학파가 등장하고 활발한 학문 연구가 이루어지는 데 많은 영향을 주었다고 할 수 있지.

반면에 볼로냐 대학과 파리 대학을 모델로 하는 유럽의 중세 대학은 교회가 독점하던 지식을 세상 밖으로 끄집어내 훌륭한 인물을 배출하며 학문을 꽃피우고, 14~16세기 문화 혁신 운동인 **르네상스**와 **종교개혁**에까지 영향을 주게 돼. 르네상스를 이끈 《신곡》의 저자

단테, 지구가 태양 주위를 돈다는 지동설을 처음으로 주장한 코페르니쿠스가 모두 볼로냐 대학 출신이야. 그리고 교회의 위선을 풍자한 《우신예찬》의 저자 에라스뮈스와 종교개혁가 칼뱅은 파리 대학 출신이지. 이것만 봐도 두 대학 출신들이 중세의 낡은 질서를 비판하며 사회 개혁을 이끌었다는 것을 알 수 있어.

학생들의 배우려는 욕구로부터 시작된 중세 대학은 배움의 결과를 학위로 증명하고 사회·경제적 지위를 획득할 수 있게 해 주었지. 그리고 자율성과 자치권을 확장해 가며 발전할 수 있었어. 비록 대학의 모습은 시간이 지나면서 처음과는 다르게 변했지만, 학문을 탐구하는 공간이자 직업을 위한 실용적 지식을 가르치는 기관으로 현재까지 존속하고 있어.

사학 12도와 볼로냐 대학, 파리 대학을 통해 우리가 확신할 수 있는 사실은, 배우고자 하는 곳, 가르치려고 하는 곳, 바로 그곳에 교육이 존재한다는 것 아닐까?

《삼국사기》 & 사제왕 요한의 편지

거짓? 진실? 최고(最古)의 역사책과 가짜 편지

1096
십자군 원정 시작

1126
이자겸의 난

1135
묘청의 난

1145
김부식,
《삼국사기》 편찬

1145
주교 위고, 교황에게
'사제왕 요한 왕국'에 대한 소문 보고

1165
사제왕 요한의 편지 도착

1145년, 고려 문신 김부식의 서재. 역사책을 쓰기 위해 모인 집필진.

"이 이야기는 참인지 확실하진 않지만 재미있는 설화인데… 책에 한번 실어 보는 게 어떨까요?"

"어허! 어명을 듣지 못했나? 거짓된 이야기는 절대 우리 역사책에 실을 수 없네! 진실만이 우리를 위기에서 구해 줄 것이야."

1145년, 중세 유럽 교황의 접견실. 교황을 기다리고 있는 주교 위고 일행.

"아무리 그래도 거짓일지도 모를 이야기를 교황께 보고해도 될까요?"

"순 거짓이래도 십자군의 사기가 오를 수 있다면 난 더한 일이라도 할 걸세. 우리를 위기에서 구해 줄 방법은 이 거짓 소문뿐이라네!"

거짓은 절대 안 된다는 김부식, 거짓이어도 괜찮다는 위고! 대체 무슨 일일까?

04

거듭되는 반란, 불안한 고려 왕실을 구해 줄 역사책의 탄생

1145년, 고려에는 거짓과 싸워 낸 한 무리가 있었어. 바로 삼국(고구려, 백제, 신라)의 역사책을 탄생시킨 인종과 **김부식**이었지. 역사책을 집필하라는 인종의 어명을 받은 김부식과 여러 신하들은 '진실'을 무기로 혼란스러운 고려 왕실을 구하고자 했어. 고려 왕실에는 어떤 일이 있었던 걸까?

고려의 중앙 지배층은 과거시험과 **음서**, 혼인을 통해 문벌(門閥, 대대로 내려오는 그 가문의 사회적 신분이나 지위) 귀족으로 성장했어. 당시 많은 문벌 귀족이 왕실과의 혼인을 통해 권력을 차지했는데, 대표적인 사람이 바로 이자겸이야. 이자겸의 경원 이씨 가문은 고려 11대 문종부터 17대 인종까지 연이어 왕비를 배출하며 막강한 권력을 누렸지. 특히 이자겸은 엄청난 권력과 재물을 자랑했어. 자신의 세 딸을 모두 왕비로 만들었는데, 둘째 딸은 예종의 비, 셋째 딸과 넷째 딸은 인종의 비가 되었어. 이렇게 그는 왕의 장인으로 군림하면서 신하들로부터 많은 뇌물을 받았는데, 그의 집에는 뇌물이 너무 많이 들어와 관리가 힘들어서 고기 썩는 냄새가 날 정도였대.

음서 제도 [그늘 음(蔭), 차례 서(敍)]
공을 세운 신하나 고위 관료의 자손을 과거시험 없이 관리로 채용하던 제도.

왕에 버금가는 권력을 누리던 이자겸은 손자이자 사위인 인종을 죽이고 스스로 왕이 되고자 반란을 일으켰어. 바로 **이자겸의 난**(1126)이지. 인종은 우여곡절 끝에 자신의 외할아버지이자 장인인 이자겸을 제거하는 데 성공했지만, 궁궐이 불타고 왕의 권위는 이미 추락할 대로 추락했지.

이자겸의 난으로 어수선한 틈에 수도를 서경(평양)으로 옮기자고 주장하는 무리가 나타났어. 승려 묘청을 중심으로, 서경을 기반으로 성장한 세력이었지. 이들은 풍수지리설(땅과 물길의 형태나 동서남북 방위 등을 인간의 길흉화복과 연결시켜, 집터나 묘지로 삼기에 알맞은 장소를 구하는 이론)을 내세웠어. 수도 개경이 운이 다해 이자겸의 반란이 일어나고 궁궐이 불탔으니 새롭고 운이 좋은 곳, 서경으로 수도를 옮겨 새로 시작하자는 건의였지. 인종은 솔깃했어. 떨어진 왕권을 바로잡을 겸 고려 제2의 수도였던 서경으로 옮겨 가 새롭게 시작해도 좋겠다고 생각했지. 그래서 서경에 새로운 궁궐도 짓고 자주 행차하며 각종 시설을 갖추게 했어.

그런데 서경의 새 궁궐 대화궁이 벼락에 맞아 무너지는 재난이 일어났어. 운이 좋은 땅이라던 서경 세력의 주장이 무색해졌지. 게다가 개경을 중심으로 한 세력의 반대도 거셌어. 인종이 이도 저도 못 하는 상황이 되었지.

고려의 3경(京)

대한민국이 수도 서울 외에 주요 도시를 광역시로 삼듯이 고려에도 3경이 있었다. 고려의 수도인 개경(개성), 옛 고구려의 수도였던 서경(평양), 옛 신라의 수도였던 동경(경주)이다. 이후 지금의 서울인 남경이 추가되어 4경으로 불리기도 했다.

일이 뜻대로 되지 않자 수도를 옮기자고 주장했던 묘청 세력이 서경을 수도로 삼아 새로운 나라를 세우고 반란을 일으켰어. 이 **묘청의 난**(1135)은 진압까지 1년이 넘게 걸릴 만큼 대규모 반란이었어. 이 반란에 오래 시달린 탓에 왕실의 권위도 바닥에 떨어졌지.

내부적으로 두 차례나 큰 반란을 겪은 고려는 외부적으로도 힘든 상황에 놓여 있었어. 고려가 이전부터 오랑캐라고 얕보던 **여진**족이 급작스럽게 성장해 거대한 **금**나라를 세우고 급기야 1125년, 고려에 군신(君臣, 임금과 신하) 관계를 강요했어. 금나라가 임금으로서 군림하고 고려는 신하로서 조아리라는 요구였지. 고려로서는 무척 자존심이 상하는 일이었지만, 당시 군사적으로 고려보다 훨씬 강력했던 금나라의 요구를 무시하기도 어려웠기에 받아들일 수밖에 없었어.

불과 10여 년 사이에 국가를 큰 혼란에 빠뜨린 두 차례의 반란이 일어나고, 금나라의 군신 관계 요구를 받아들이며 고려 왕의 권위는 땅에 떨어진 상태였어. 인종은 추락한 왕실의 권위를 회복하고 혼란스러운 질서를 바로잡기 위해 노력했지.

그때 인종이 떠올린 방법이 바로 역사를 정리하는 것이었어. 과거 이야기를 정리하는 일은 국가적으로도 큰 사업이었는데, 무너진 왕실의 질서를 다시 세우고 왕권을 위협했던 세력에게 왕실의 정당성을 보여 주기에 이만한 방법이 없다고 생각했던 거지. 또 과거 이야기에서 교훈을 얻어 현재의 위기를 극복할 수 있다고 생각했어. 인종은 자기 뜻에 따라 이 일을 완수할 수 있는 신하로 김부식을 꼽고 그에게 어명을 내렸지.

> "요즘 우리 고려의 학자들이 중국의 역사는 잘 알면서도 정작 우리의 역사는 잘 모르니 한탄스럽다. 특히 신라와 고구려, 백제의 역사는 중국 역사책에 간략히 실려 있고, 우리 옛 역사책에도 있긴 하지만 내용이 빈약하여 왕과 신하, 백성의 잘잘못을 가릴 수 있는 규범이 어디에도 없다. 이에 마땅히 재능이 뛰어난 학자에게 이 일을 맡겨 후세에 오래 전하고 싶구나."

고려가 삼국을 이어 통일한 나라임에도 불구하고, 고려의 지식인들이 신라와 고구려, 백제의 역사를 잘 모르고 옛 역사책도 내용이 자세하지 않으니, 후세에 교훈이 될 수 있도록 삼국의 역사를 집필하라고 한 거야. 이에 덧붙여 특히 신비하거나 거짓된 이야기는 제외하고 객관적인 자료에 근거한 역사 책을 지어 올리라고 당부했대.

편찬 책임자로서 김부식은 왕명에 따라, 그리고 유학자인 자신의 소신에 따라, 민간의 기이한 설화나 거짓된 이야기는 적지 않고 객관적인 자료만 가지고 삼국의 역사를 집필했어. 당시 고려에서 많은 학자가 유학을 연구했는데, 이러한 흐름이 역사 편찬에도 영향을 끼친 것이지. 과거의 사실을 평가할 때 합리적인 유교 가치관을 기준으로 삼아, 구전되는 설화나 거짓 이야기는 삭제하고 기록하지 않은 거야.

《삼국사기(三國史記)》와 《삼국유사(三國遺事)》
[역사 사(史), 기록할 기(記), 끼칠 유(遺), 일 사(事)]

《삼국사기》와 《삼국유사》는 고려시대의 대표적인 역사서다. 《삼국사기》는 고려 중기에 펴낸 공식 역사서로, 50권 9책으로 구성되어 있다. 여기서 '권'은 일종의 목차와 같이 내용상의 구분 단위(권1, 권2, 권3…)이고, '책'은 실물 책의 수량을 말한다. 즉 50권 9책은 요즘으로 치면 50개의 부로 내용을 구성해 아홉 권짜리 책으로 펴냈다는 의미다. 한편 《삼국유사》는 고려 후기에 일연 스님이 단군 이야기와 고조선의 역사를 비롯하여 불교 신앙과 민족의 전통 이야기를 수록한 역사서로, 5권 2책으로 구성되어 있다.

당시 김부식이 참고했던 자료 중 우리나라 역사서는 《고기(古記)》《삼한고기》《신라고사》《구(舊)삼국사》《고승전》《화랑세기》《계림잡전》《제왕연대력》 등이고, 중국 역사서인 《삼국지》《후한서》《진서》《위서》《송서》《남북사》《신(新)당서》《구(舊)당서》《자치통감》 등도 참고했다고 해. 정말 다양하고 많았지? 그만큼 여러 책을 비교해 보면서 사료의 진위(眞僞, 참과 거짓)를 가리는 데 많은 시간과 노력을 쏟은 거야. 이렇게 해서 완성된 책이 바로 《삼국사기》야.

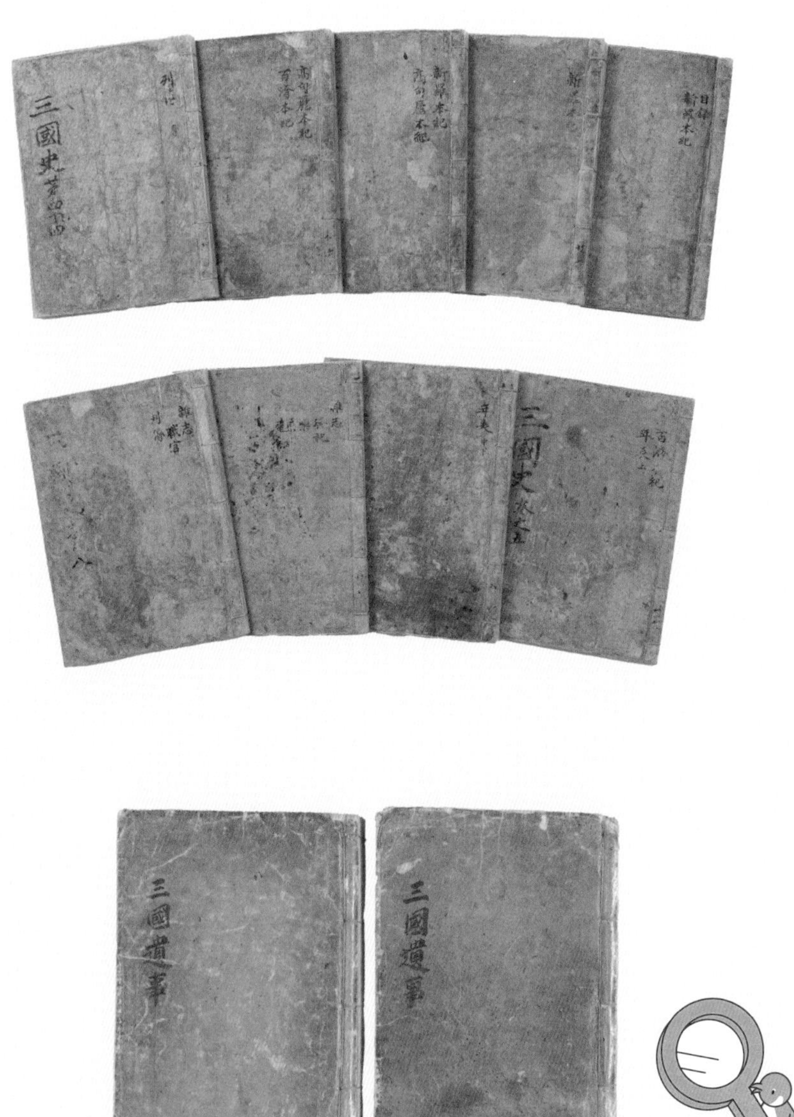

《삼국사기》(위)와 《삼국유사》 전권.

특히 이 책은 전체적으로 교훈적인 역사관을 담고 있어. 아마 불안한 상황에 놓인 당시 고려 왕실을 염두에 두고 썼기 때문일 거야. 위기의 시대에 지난 역사를 돌아보며 우리가 본받거나 또는 삼가야 할 태도를 알려 주고자 한 것이지.

1145년, 4년 만에 완성된 방대한 역사책을 받아 든 인종은 만족스러웠을 거야. 긴 위기와 혼란의 시기를 끝내고 드디어 탄탄하고 안정된 왕권을 세우는 데 도움이 될 성과물을 갖게 되었으니까. 그리고 이 책은 현재 우리나라에 남아 있는 가장 오래된 역사책으로 우리에게 전해지고 있지. 역사 교과서의 삼국시대에 관한 내용이 대부분 이《삼국사기》를 근거로 하고 있어.

그렇지만《삼국사기》가 온전히 진실만 담고 있는 역사책은 아니야. 역사는 과거에 일어난 사실 그 자체이기도 하지만, 과거에 일어난 사실에 대한 '기록'이기도 하기 때문이지. 누구든 과거에 직접 살아 본 것이 아니기에 객관적인 사실만을 역사책에 담는 것은 불가능에 가깝겠지? 또《삼국사기》가 완성된 1145년을 기준으로 보면 삼국시대는 무려 1,000여 년 전인데, 생생한 사실만을 다루기는 힘들었을 거야. 다만 김부식이 당시의 시점에서 거짓이나 소문이라고 여겨지는 것들은 제쳐 두고 사실에 근접하도록 역사를 서술하려 노력했다는 점은 높이 살 만하지.

위기를 극복하기 위한 인종의 결단과, 거짓은 허용하지 않았던 김부식의 철학이 만나 탄생한《삼국사기》, 우리나라 '역사책의 역사'가

여기에서 시작된 거야.

십자군의 거듭된 패전, 위기에 빠진 유럽을 구해 줄 편지의 등장

국가적 위기를 극복하기 위해 거짓과 싸우던 김부식과 같은 시기에, 지구 반대편 유럽에서는 오히려 거짓을 이용해 위기를 극복하려는 세력이 있었어. 이들을 이해하려면 서로마와 동로마의 역사부터 알아야 해.

4세기 무렵, 중앙아시아 유목민이었던 훈족의 압박에 떠밀린 북유럽의 게르만족이 서유럽까지 이동해 와서 곳곳에 나라를 세웠어. 당시 로마 제국은 이미 동로마와 서로마로 나뉘어 있었는데, 476년 게르만족에게 서로마가 멸망하면서 동로마(**비잔티움 제국**, 395~1453)가 그 계보를 잇게 돼. 그리고 서로마가 멸망한 때부터를 흔히 유럽의 중세 시기라고 부르지.

눈에서 멀어지면 마음에서도 멀어진다고 하지? 서로마와 동로마는 영토만 나뉜 것이 아니라 이후 종교적으로도 갈라져 버렸어. 함께 크리스트교를 믿는 형제지간이었지만 힘겨루기 끝에 서로마는 로마 가톨릭, 동로마는 그리스 정교(동방정교)를 믿으며 각자의 길을 가게 돼.

그 무렵 서유럽 로마 가톨릭교회의 최종 관리자인 대주교는 스스로를 '교황'이라 부르며 점차 교회 내 최고 권위자가 되었어. 또한 교회의 중간 관리자 역할을 맡았던 주교는 교회의 권위를 바탕으로 도시와 농촌을 지배해 갔지. 중세 서유럽 사람들은 점차 교회에 소속되어 교회 규율에 따라 생활했고, 교회와 성직자는 종교 생활뿐만 아니라 사람들의 일상생활에도 깊이 관여하게 돼. 이처럼 중세 서유럽은 로마 가톨릭 교회의 시대였지.

셀주크 튀르크

10세기 중반, 중앙아시아 유목민인 튀르크족이 이슬람교로 개종한 후 서쪽으로 세력을 확대하면서 세운 왕조. 막강한 군사력을 바탕으로, 당시 범이슬람 제국으로 발전한 아바스 왕조를 위협할 정도로 성장했다. 마침내 아바스 왕조로부터 '술탄(이슬람의 지배자)'이라는 칭호를 받아 이슬람 세계의 정치적 지도자로 인정받았다. 튀르크족은 우리 역사에서는 북방계 유목 민족 '돌궐'이라는 이름으로 알려져 있다.

서유럽에서 교황의 권위가 하늘을 찌르던 1095년, 동유럽의 동로마 제국은 이슬람 세력인 **셀주크 튀르크**에게 크리스트교의 성지 예루살렘을 점령당해 큰 위기에 빠져 있었어. 위기를 스스로 극복하기는 어렵다고 판단한 동로마 제국 황제는 옛 형제를 떠올렸어. 비록 로마 가톨릭과 그리스 정교로 나뉘어 각자의 길을 가고 있었지만, 큰 뿌리는 같은 서유럽에 도움을 요청한 거지.

동로마 제국의 도움 요청에 교황은 교인들을 모아 놓고 호소했어.

"신이 우리를 지켜 줄 것이니 두려워 말고 성지를 되찾기 위한 전쟁에 나섭시다!"

클레르몽 종교 회의에서 성지 회복을 호소하는 교황 우르바누스 2세. 이때부터 예루살렘을 되찾기 위한 긴 여정인 십자군 전쟁이 시작되었다.

교황의 외침에 기사, 상인, 농민 등이 전쟁에 참여하면서 성지 예루살렘을 되찾기 위한 서유럽과 동유럽 크리스트교인들의 긴 여정이 시작됐어. 이것이 바로 **십자군 전쟁**(1096~1291)이야.

1096년 첫 출정 후 3년여간의 전쟁 끝에 크리스트교인들은 예루살렘을 되찾고, 근처에 에데사, 안티오크, 트리폴리 등 십자군 국가를 건설하면서 그 목적을 달성하게 돼.

하지만 영광은 오래가지 못했어. 당시 탄탄한 군사력을 갖추고 있던 셀주크 튀르크는 만만한 상대가 아니었거든. 원정이 시작되고 50여 년이 지난 1145년 무렵에 십자군 국가들은 점차 약화되었고, 에데사 지역은 아예 셀주크 튀르크에게 다시 빼앗겨 버렸어. 특히 전쟁 통에 교황이 전사하면서 십자군의 사기가 땅에 떨어졌지. 이런 광경을 눈앞에서 목격한 시리아의 주교 위고는 위기를 극복하기 위한 묘책이 필요하다고 생각했지.

그때쯤 위고는 항간에 떠돌던 소문에 관심을 두었어. 소문이 어디서 시작됐는지는 알 수 없었지만, 꽤 그럴듯한 내용이었지. 바로 동방의 저 끝에 요한이라는 사제왕이 다스리는 위대한 크리스트교 왕국이 있는데, 이 왕국의 군대가 막강한 페르시아(오늘날의 이란) 군대에 대승을 거두고 교황의 군대를 돕기 위해 예루살렘으로 오고 있다는 소문이었어. 위고는 소문의 진위를 따지기도 전에 새로 부임한 교황에게 이 사실을 보고해야겠다고 결심했어. 떨어진 십자군의 사기에 이렇게 도움이 되는 소식이 어디 있겠어!

한달음에 교황청으로 달려간 위고는 소문에 대해 자세하게 보고했어. 지금은 우리 십자군의 사기가 많이 떨어지고 힘겨운 전쟁이 계속되고 있지만, 곧 동방의 사제왕 요한의 왕국에서 엄청난 규모의 군대를 보내 줄 것이고, 금세 우리가 전쟁에서 승리할 것이라고 말이야. 교황은 물론 위고와 함께 간 일행조차도 긴가민가했어. 실제로 존재하는지조차 알 수 없는 왕국에서 대군을 보내 우리를 도울 것이라니, 쉽게 믿기는 힘들었겠지?

그런데 그로부터 20년이 지난 1165년, 동방의 사제왕 요한이 서방의 크리스트교 국가로 보냈다는 편지가 날아들었어.

> 나 요한은 크리스트교 사제로서 동방에 있는 인도 3국의 광활한 영토를 지배하고 있다. 또한 72개 왕국이 나에게 충성을 바치고 있으며, 우리 왕국에는 늘 젖과 꿀이 흐르고 있다. 진귀한 동식물이 사는 산에는 신비의 샘이 있어 32세의 나이로 무병 영생할 수 있다. 우리 왕국에서 서방의 형제를 돕기 위해 대군을 이끌고 성지를 방문할 것이니 두려워 말고 적과 맞서 싸우자!

우선 사제왕 요한은 자신의 왕국이 얼마나 대단한 곳인지 알려주었는데, 진귀한 금은보화가 넘쳐 나고 온갖 식물과 동물이 사는 풍요로운 국가라고 자랑했지. 심지어 주변 72개 왕국이 자신들에게 복종하고 공물을 바치고 있으며, 왕국 전체에 젖과 꿀이 넘쳐흐른다고 하면서 권력과 부를 과시했어. 편지의 하이라이트는 마지막 부분이었는데, 곧 대군을 이끌고 갈 테니 두려워 말고 이슬람에 맞서 싸우자는 내용이었지.

실제 존재하는지 긴가민가했던 왕국에서 보낸 편지라니! 많은 사람이 이에 동요했고, 편지는 라틴어, 이탈리아어, 프랑스어로 번역되어 널리 퍼졌어.

당시 십자군은, 이집트를 정복하고 이슬람 세계의 영웅으로 부상한 살라딘에게 예루살렘을 다시 빼앗긴 상태였어(1187). 그런데 주교 위고의 바람대로 사제왕 요한의 소문과 편지가 십자군의 사기 진작에 도움이 되었는지 영국 왕 리처드 1세, 프랑스 왕 필리프 2세, 독일 황제 프리드리히 1세 등 내로라하는 군주들이 3차 십자군을 조직하고 다시 불타는 열정으로 원정에 나섰지(1189~1192). 비록 예루살렘을 되찾지는 못했지만 3차 십자군은 살라딘과 협상을 벌였고, 이제 크리스트교인들이 다시 예루살렘에 자유롭게 출입할 수 있게 되었어.

그럼 이 소문과 편지가 진짜였냐고? 안타깝게도 순 거짓이었어. 동방에는 사제왕 요한이 다스리는 대단한 왕국이란 없었고, 당연히 유럽의 십자군을 도와줄 군대도 오지 않았지. 십자군 원정은 이후 지지부진 100여 년간 이어지다가 결국 유럽인들은 성지 예루살렘을 되찾지 못하고 원정에 실패하게 돼.

그러면 누가 이 가짜 편지를 만들어 유럽에 퍼뜨렸을까? 작가가 누구였는지는 아직도 밝혀지지 않았어. 그리고 당시 유럽인들이 가짜 편지를 알면서도 믿었는지, 아니면 정말로 속았는지도 알 수 없어. 그렇지만 신이 지켜 주시기에 쉽게 이기고 돌아올 것이라던 교황의 말만 믿고 전쟁에 참여한 유럽인들이, 그 말처럼 수월하지만은 않았던 전쟁 통에 가짜 편지에라도 의지하고 싶은 마음이 있었단 건 알 수 있지. 가짜 편지를 만들어 내거나 믿는 것으로 위기를 극복하려 한 거야. 거듭되는 패배에 사기가 떨어졌던 병사들이 자신들을 도우러 온다는 사제왕 요한의 왕국을 믿고 다시 전쟁에 나서지 않았을까?

위기에 대처하는 전혀 다른 방법, 우리의 선택은?

1145년, 십자군의 거듭되는 패배로 위기에 빠진 중세 유럽은 동방의 사제왕 요한의 왕국이 곧 우리를 도우러 온다는 소문을 퍼뜨리고 믿으며 전쟁을 이어 나갔어. 그리고 같은 해, 여러 차례의 반란과 계속되는 외적의 침입으로 혼란스러웠던 고려 왕실은 지나간 역사를 최대한 사실에 가깝게 돌아보는 방법으로 사람들에게 교훈을 주었지.

그렇다고 해서 가짜 편지를 믿었던 유럽이 어리석었고, 객관적인 사실을 추구했던 고려가 우수했다고 말하려는 건 아니야. 전화위복

(轉禍爲福, 재앙이 바뀌어 오히려 복이 됨)이라고 해야 할까? 사제왕 요한의 가짜 편지를 믿은 유럽 사람들은 곧 요한 왕국을 찾기 위한 동방 여행을 시작했고, 이것이 새로운 항로 발견으로 이어져 **대항해 시대**를 열 수 있었어. 반면 인종과 김부식이 객관적인 사실을 담고자 했던 역사책《삼국사기》는 이후에 왜곡과 오류, 과장이 있다거나 지나친 사대주의 역사책이라는 비판을 받기도 했지.

위기 상황을 극복하기 위한 동시대 두 지역의 정반대 방법, 우리는 무엇을 선택해야 할까? 전염병이 전 세계를 강타했던 2020년대 초반은 팬데믹이자 인포데믹 시기였어. '정보(information)'와 '전염병(epidemic)'의 합성어인 '인포데믹(infodemic)'은 잘못된 정보의 확산으로 인한 사회적 혼란을 의미하는데, 검증되지 않은 정보들이 소셜 미디어를 통해 빠르게 퍼졌지. 헤어드라이어의 뜨거운 바람으로 바이러스를 소독할 수 있다거나, 소량만으로도 사망에 이를 수 있는 메탄올을 마셔 전염병을 예방한다는 식의 위험한 정보들이었어.

잘못된 정보들은 순식간에 퍼져 나갔고, 이를 실제 행동으로 옮긴 수많은 피해자가 생겨났지. 이에 피해자를 돕고 더 이상의 피해가 발생하지 않도록 정보의 진위를 검증하고 알리는 사회운동이 벌어지기도 했어. 더 나아가 범람하는 가짜 뉴스에 맞서 미디어와 정보를 검증하고 올바르게 이용하도록 하는 '미디어 리터러시' 교육의 필요성이 대두되기도 했지.

위기에 대처하는 방법은 시대에 따라, 또 처한 상황과 사람에 따라 다를 수 있어. 흔히 역사를, 지나간 일에서 교훈을 얻어 미래를 준비하기 위한 학문이라고 하지? 위기에 맞설 우리만의 방법, 1145년의 고려와 유럽에서 그 힌트를 얻어 보면 어떨까?

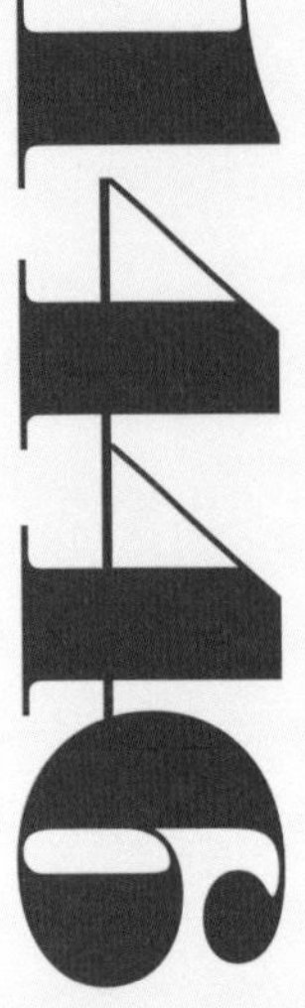

훈민정음 반포 &
구텐베르크
활판 인쇄술 발명(1450)

문자 발명과 기술 혁신, 소통과 지식의 폭발

1392
조선 건국

1446
훈민정음 반포

1450
구텐베르크, 활판 인쇄술 발명

1481
《삼강행실도》 한글판 발행

1517
루터의 <95개 조 반박문>

1527
최세진, 《훈몽자회》 발행

1543
코페르니쿠스, 지동설 주장

1555
아우크스부르크 화의, 루터파 교회 인정

1446년 조선, 세종은 훈민정음을 만들어 공식 발표했어. 당시 동아시아는 중국을 중심으로 하는 질서 아래 있었기 때문에 조선도 공식 문자로 한자를 사용했지. 하지만 한자를 배우는 데는 많은 시간과 노력이 필요했기 때문에, 읽고 쓰는 것은 교육받은 소수의 남성 지배층만 할 수 있었어. 세종의 훈민정음 창제 이후에야 비로소 여성을 포함한 일반 백성까지 쉽게 한글을 배워서 읽고 쓰는 것이 가능해졌고, 여러 계층 간의 소통도 더 쉽게 이루어졌지.

1450년경, 독일(당시 신성 로마 제국) 마인츠에서 요하네스 구텐베르크라는 인쇄업자가 활판 인쇄술을 완성했어. 활판 인쇄는 글자를 새긴 금속 활자를 조합해서 판을 만들고, 거기에 잉크를 묻혀 종이에 찍어 내는 거야. 이전에는 책 한 권을 만들려면 통째로 베껴 쓰는 필사를 해야 해서 오랜 시간이 걸렸는데, 이젠 구텐베르크의 인쇄기를 통해 책을 대량으로 만들 수 있게 됐지. 특히 신학자 루터가 교회를 비판한 <95개 조 반박문>은 이 새로운 인쇄술 덕분에 빠르게 많은 사람의 공감을 이끌어 16세기 종교개혁으로 이어질 수 있었어. 그리고 과학자들이 발견한 새로운 지식도 인쇄술을 통해 빠르게 전파되고 또 다른 발견과 지식이 덧붙으면서 17세기 과학혁명으로 이어진 거야.

문자의 발명과 기술의 혁신은 어떤 변화를
가져왔을까?

세종, 훈민정음을 만들다

한국인이 가장 사랑하고 자랑스러워하는 왕은 누구일까? 바로 조선의 제4대 왕인 **세종**(재위 1418~1450)이야. '훈민정음', 즉 오늘날의 한글을 창제(1443)하고 널리 반포(1446)해서 온 백성의 자유로운 문자 생활을 가능하게 해 준 왕이기 때문이지. 훈민정음(訓民正音)이란 '백성[民]을 가르치는[訓] 바른[正] 소리[音]'라는 뜻인데, 당시에는 공식 문자인 '한자'와 비교해서 '백성들이 쓰는 쉬운 문자'라는 의미로 흔히 '언문(諺文, 속된 글)'이라고 불렀어.

세종 10년(1428), 진주에 사는 김화라는 사람이 아버지를 죽인 사건이 일어났어. 유교 사회를 꿈꾸던 세종과 지배층이 받은 충격은 엄청났지. 세종은 엄하게 벌로 다스리는 것도 필요하지만 이와 같은 일을 예방하기 위해서는 '효'를 널리 알려야 한다고 생각했어. 그래서 백성이 이해하기 쉽도록 그림을 넣어 일종의 윤리 교과서인 **《삼강행실도》**라는 책을 만들었지. 유교 윤리에서 근본이 되는 '세 가지 강령(삼강)', 즉 임금과 신하, 부모와 자식, 남편과 아내 사이의 도리를 잘 지킨 충신, 효자, 열녀의 행적을 글과 그림으로 칭찬한 책이야.

> "백성들이 쉽게 깨달아 알지 못할까 걱정이 되어, 그림을 붙이고 이름하여 '삼강행실'이라 하고, 인쇄하여 널리 퍼뜨려 거리에서 노는 아이들과 골목 안 부녀들까지도 모두 쉽게 알기를 바라노니 (…) 다만 백성들이 문자를 알지 못하여, 책을 비록 나누어 주었을지라도 남이 가르쳐 주지 않으면 역시 어찌 그 뜻을 알아서 감동하고 착한 마음을 일으킬 수 있으리오." -《세종실록》, 세종 16년(1434)

세종은 한자를 모르는 백성들이 그림만으로는 이해하기 어려울 거라 생각했어. 그런 세종의 마음은 훈민정음 해설서인 《훈민정음 해례본》에서도 엿볼 수 있어.

> 우리나라 말은 중국 말과 달라서 한자와는 서로 통하지 않는다. 그러므로 백성 중에는 하고 싶은 말이 있어도 끝내 자신의 뜻을 글로 표현하지 못하는 사람이 많다. 내가 이를 딱하게 여겨 새로 28자를 만드니 사람마다 쉽게 익혀 일상에서 편하게 쓰도록 하고자 할 따름이다.
> -《훈민정음 해례본》(1446), 세종의 서문

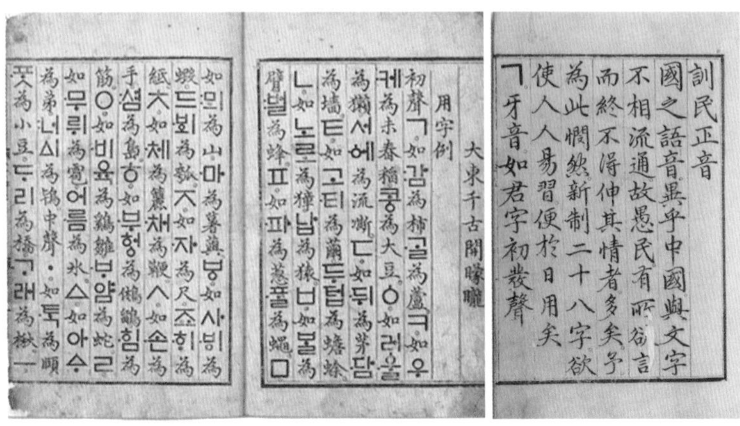

大東千古開矇矓

用字例

初聲ㄱ如감為柿 골為蘆 ㅋ如우케為未舂稻 콩為大豆 ㆁ如러울為獺 서에為流凘 ㄷ如뒤為茅 담為墻 ㅌ如고티為繭 두텁為蟾蜍 ㄴ如노로為獐 납為猿 ㅂ如볼為臂 벌為蜂 ㅍ如파為葱 풀為蠅 ㅁ

如뫼為山 마為薯藇 ㅸ如사ᄫᅵ為蝦 드ᄫᅴ為瓠 ㅈ如자為尺 죠ᄒᆡ為紙 ㅊ如체為䈥 채為鞭 ㅅ如손為手 셤為島 ㅎ如부헝為鵂鶹 힘為筋 ㅇ如비육為鷄雛 ᄇᆡ얌為蛇 ㄹ如무뤼為雹 어름為氷 ㅿ如아ᅀᆞ為弟 너ᅀᅵ為鴇 中聲ㆍ如ᄐᆞᆨ為頤 ᄑᆞᆺ為小豆 ᄃᆞ리為橋 ᄀᆞ래為楸 ㅡ

訓民正音

國之語音異乎中國與文字不相流通故愚民有所欲言而終不得伸其情者多矣予為此憫然新制二十八字欲使人人易習便於日用矣

ㄱ牙音如君字初發聲

《훈민정음 해례본》(왼쪽)과 여기에 실린 세종대왕 서문.

사실 세종이 말한 백성에는 한자를 사용하던 양반도 포함되어 있어. 양반들 역시 한자가 우리 글자가 아니다 보니까 같은 한자를 보고도 서로 다르게 발음해서, 한자의 정확한 음을 표시하기 어려웠거든. 훈민정음 창제 후 세종은 우리나라에서 쓰이는 한자의 발음기호를 훈민정음으로 정리한 일종의 한자 발음 사전을 만들었어. **《동국정운》**이라는 책인데, 이 책 덕분에 비로소 한자의 음을 모든 사람이 동일하게 발음할 수 있게 되었지. 오늘날로 치면 '외래어 표기법'을 통일한 것과 같다고나 할까? 그리고 당시 조선 최고의 국립 교육기관인 성균관에서도 이 책을 교육함으로써 훈민정음이 널리 보급되도록 했지.

훈민정음은 어떻게 보급되었을까?

세종은 중앙 관청의 하급 관리인 서리(書吏)를 선발할 때 훈민정음을 익힌 사람을 뽑도록 했어. 적어도 서리가 되려고 공부하는 사람은 훈민정음의 원리를 이해하고 사용법을 알아야 했으니, 양반들에게도 자연스럽게 훈민정음이 보급되었겠지? 또 백성들에게 훈민정음을 보급하기 위해, 백성들과 자주 접촉하는 지방 관청의 하급 관리에게 훈민정음을 가르치거나 그들을 뽑는 시험 과목에 훈민정음을 넣기도 했어. 그리고 그들이 백성들에게 훈민정음을 가르치도록 했지. 그러니까 훈민정음은 특정 계층만을 위한 문자가 아니라, 양반부터 일반 백성에 이르기까지 모두가 함께 소통하기 위한 글이라고 봐야 해.

훈민정음이 반포되고 3년 뒤에 당시 재상을 비판하는 벽서(壁書, 벽에 써 붙인 글)가 나붙은 사건이 있었는데, 조선왕조실록에는 다음과 같이 기록되어 있지.

> 황희는 재상으로 20여 년 동안 자신의 뚜렷한 생각을 가지고 있으며, 마음이 너그럽고, 어수선하게 고치는 것을 좋아하지 않으며, 사람들의 여론을 잘 진정하니, 당시 사람들은 그를 명재상이라 불렀다. 반면에 하연은 까다롭게 살피고, 또 노쇠하여 행사에 착오가 많았으므로,

> 어떤 사람이 언문으로 벽에 쓰기를, "하 정승아, 또 나라의 일을 잘못되게 하지 말라"고 하였다. -《세종실록》, 세종 31년(1449) 10월 5일

조선왕조실록

조선 태조에서 제25대 철종까지 472년간(1392~1863)의 역사적 사실을 각 왕별로, 연대순으로 기록한 활자본(일부는 필사본) 책. 모두 2,124책이다. 1413년(태종 13년)에 《태조실록》이 처음 편찬되고, 마지막 《철종실록》은 1865년(고종 2년)에 완성되었다. 오늘날 유네스코 세계기록유산으로 지정되었다.

이 벽서를 누가 써서 붙였는지는 알 수 없지만, 사람들이 자신의 의견을 밝히는 의사소통 수단으로 한글을 사용했다는 점은 알 수 있지.

세종의 둘째 아들이자 조선의 제7대 왕인 세조도 훈민정음으로 편찬한 책이 꽤 많아. 대표적인 게 《월인석보》(1459)인데, 왕이 되기 전 수양대군이던 시절에 어머니 소헌왕후의 명복을 빌기 위해 아버지 세종의 명으로 석가모니 일대기를 지은 《석보상절》과, 이를 바탕으로 세종이 지은 노래집 《월인천강지곡》을 합쳐서 새롭게 편집한 책이야(이 두 권도 모두 한글로 지었어). 그런데 이 《월인석보》의 앞부분에는 《훈민정음 해례본》을 한글로 풀이한 《훈민정음 언해본》이 실려 있어. 이 외에도 당시 조정에서 문과 시험에 훈민정음을 넣기도 한 걸 보면, 시험을 준비하던 양반층이 한글 공부도 했겠지? 그런 과정을 통해 양반층과 백성들 간에 의사소통도 더 쉬워졌을 거야.

성종 11년(1480)에 조선 전체를 떠들썩하게 만든 연애 사건이 있었어. 일명 '어우동'이라 불렸던 박씨 부인이 왕실의 종친 등 여러 남

성과 스캔들을 일으킨 거야. 이에 성종은 서둘러《삼강행실 열녀편》을 한글로 찍어 전국에 배포했어. 남편을 섬기는 여성의 삶을 강조하기 위해서였지. 또 연산군을 몰아내고 왕이 된 중종은 연산군의 패륜 행위를 부각하고 효행을 강조하기 위해《삼강행실도》를 한글판으로 2,940부 간행해서 전국에 널리 배포했어(1511). 조선왕조실록에 발행 부수 기록이 남아 있는 책 중 가장 많은 수야.《삼강행실도》는 유교 국가를 추구하던 조선의 최고 베스트셀러인 셈이지. 이 책을 통해 백성에게 국가의 이념인 유교적 가치를 전달하고 공감하도록 만든 거야.

선조 26년(1593), 임진왜란으로 의주로 피난을 간 선조는 왜적의 포로가 된 백성들을 향해 한글로 된 교서를 내리기도 했어. 전쟁 중에 왕이 백성을 안심시키고 타이르기 위한 글을 한글로 썼다는 것은, 당시 많은 사람들이 한글을 읽을 수 있었다는 증거이기도 해. 이렇게 한글은 왕이 백성과 소통하는 수단으로 활용되기도 했어.

왕에서 노비까지,
온 나라의 슬기로운 문자 생활

세종과 세조 등 왕실의 노력으로 한글이 보급되자 그야말로 많은 사람들의 '슬기로운 문자 생활'이 가능해졌어. 2011년 대전의 신창 맹

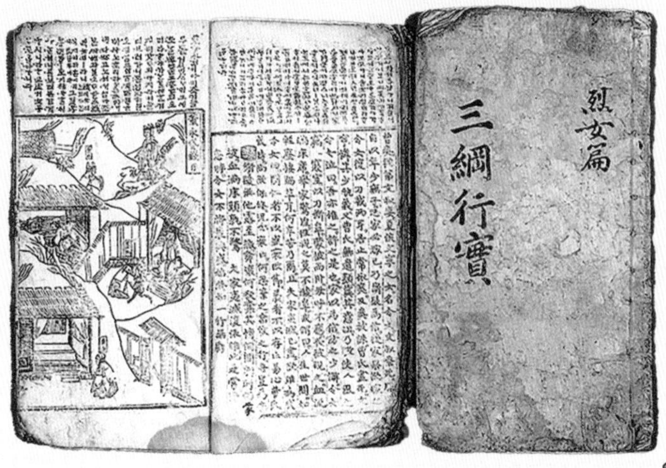

《삼강행실 열녀편》(위)과 《삼강행실도》 언해본.

씨 무덤에서 두 장의 한글 편지가 발견되었는데, 1490년 함경도 지역에서 무관으로 근무하던 나신걸이 아내에게 쓴 편지였어.

> 안부를 끝없이 여러 번 하네. 집에 가서 어머님이랑 아기랑 다 반갑게 보고 싶었는데, 장수가 혼자 가시며 날 못 가게 해서 다녀가지 못하네. 이런 민망하고 서러운 일이 어디 있을꼬.
>
> 화장품하고 바늘 여섯을 사서 보내네. 집에 못 다녀가니 이런 민망한 일이 어디 있을꼬. 울고 가네. 어머니와 아기 보시고 다 잘 계시소. 내년 가을에 나오고자 하네.

이 편지는 지금까지 발견된 가장 오래된 한글 편지라는 의미도 크지만, 훈민정음이 반포된 지 불과 50년도 채 안 된 시점에 변방의 하급 관리까지 한글이 보급되었을 뿐만 아니라 남성도 일상에서 능숙하게 한글을 사용하고 있었음을 알려 주는 증거라는 점에서도 가치가 있어. 우리가 생각했던 것보다 훨씬 더, 한글이 백성들에게 중요한 의사소통 수단으로 널리 쓰였음을 확인할 수 있어.

당시 사람들의 삶에 한글이 어떻게 활용되었는지 조금 더 살펴볼까? 1998년 경북 안동의 고성 이씨 무덤에서 발견된 한글 편지가 있는데, 선조 19년(1586)에 쓴 것으로 추정돼. 무덤의 주인은 이응태, 편지를 쓴 사람은 이응태의 아내야. 이응태는 아내와 어린 아들을 남기고 서른한 살의 젊은 나이에 세상을 떠났어. 이 편지에는 '원이'라는 아이 이름이 나오고 이응태의 아내를 '원이 엄마'라고 지칭하고 있지. 원이 엄마의 편지는 남편을 그리워하며 꿈속에서나마 얼굴을 보고 싶다는 간절한 마음이 가득 담겨 있어.

> 자네 항상 내게 이르되, "둘이 머리 세도록 살다가 함께 죽자" 하시더니, 어찌 나를 두고 자네 먼저 가시는가? (…) 자네 여의고 아무래도 내 살 힘이 없으니, 쉬 자네한테 가고자 하니 날 데려가소. 자네 향한 마음을 이승에서 잊을 방법이 없으니 (…) 이 내 편지 보시고 내 꿈에 자세히 와 이르소. 내 꿈에 이 편지 보신 말 자세히 듣고자 하여 이리 써서 넣네. 자세히 보시고 내게 이르소.
>
> 병술년 유월 초하룻날 집에서

한글은 이렇게 남녀의 애틋한 사랑을 숨김없이 표현하는 수단이기도 했어. 사랑 편지만이 아니라 양반이 노비에게 보낸 편지도 있어. 1692년에 양반 송규렴이 백천에 살고 있는 노비 기축에게 보낸 편지를 보면, 자신의 밭을 빌려 농사짓고 사는 기축에게 밀린 도지(논밭을 빌린 대가로 해마다 내는 벼)를 내지 않으면 큰일을 낼 것이라고 경고하는 내용이 적혀 있어.

> 백천(白川)의 노비 기축이,

나신걸의 한글 편지(대전역사박물관 소장).

이응태의 아내인 '원이 엄마'가 쓴 한글 편지(국립안동대학교 박물관 소장).

> 다른 까닭이 없다! 네놈이 까닭 없이, 내 집 논밭을 강제로 차지하고 (…) 올해 도지와 작년에 거두어들이지 못한 것을 합하여 여섯 섬을 가볍지 않게(꼭) 해야 할망정, 또 흉악을 부리다가는 나도 분한 마음이 쌓인 지가 오래여서 큰일을 낼 것이니 알아라!
>
> 임신년 10월 7일 송(宋)

노비에게 편지를 보냈다는 것은 노비 역시 한글을 읽을 수 있었다는 얘기겠지? 한글이 국가의 공식 문자는 아니었지만, 시간이 흐르면서 점점 더 많은 사람들이 자신의 생각을 표현하고 다른 사람과 공감하고 소통하는 수단으로 자리 잡았어.

이렇게 한글이 빠르게 보급되는 데 큰 영향을 끼친 책이 하나 있어. 중종 22년(1527)에 최세진이라는 역관(譯官, 통역을 하는 관리)이 어린이의 한자 학습을 위해 지은 **《훈몽자회》**야. 기존의 어린이 한자 학습서인 《천자문》은 실생활에 필요한 한자가 너무 적고 내용이 어려워서, 새와 동물, 풀, 나무 이름 같은 실제로 필요한 한자로 이루어진 책을 다시 쓴 거지. 총 세 권으로 돼 있는데, 각각 1,120자씩 총 3,360개 한자의 음과 뜻을 한글로 달아 놓아서 쉽게 익히도록 했어.

특히 《훈몽자회》의 맨 처음 부분에는 한글의 자음과 모음을 어떻게 읽어야 하는지에 대한 설명이 있어. ㄱ은 '其役(기역)', ㄴ은 '尼隱(니은)'… 하는 식으로 말이야. 그러니까 한자를 배우기 전에 한글을 먼저 익힌 거야. 일반 백성뿐만 아니라 양반도 한자 공부를 위해 한

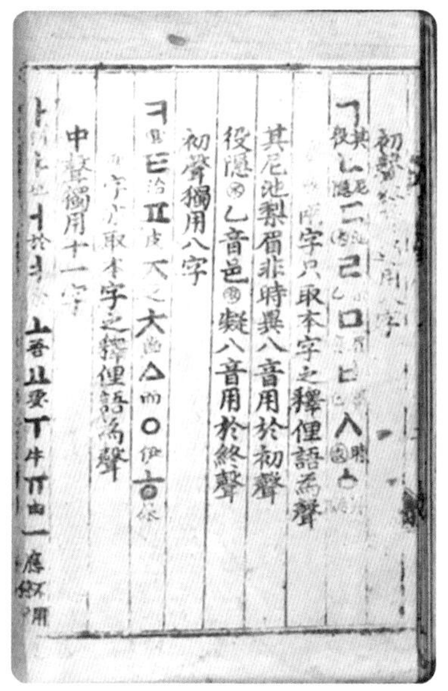

初聲獨用八字

其尼池梨眉非時異八音用於初聲

役隱乙音邑凝八音用於終聲

中聲獨用十一字

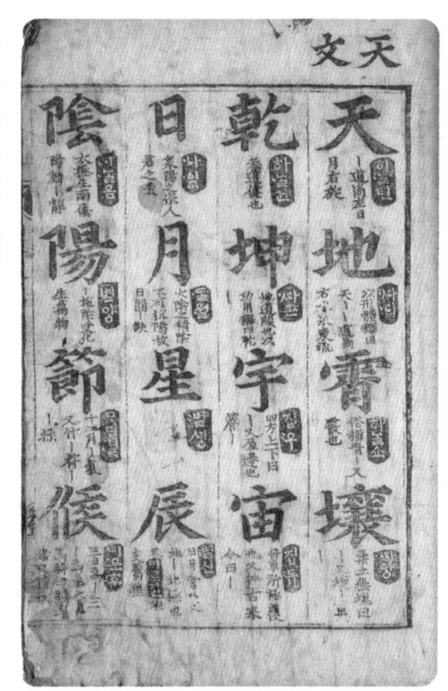

天文

天地霄壤

乾坤宇宙

日月星辰

陰陽節候

어린이를 위한 한자 학습서《훈몽자회》. 책의 앞부분에는 한글 자음과 모음을 어떻게 읽어야 하는지를 한자로 표기해 두고(왼쪽), 본문에서는 실생활에 필요한 3,360개 한자의 음과 뜻을 한글로 달아 놓았다.

글을 먼저 배웠다고 볼 수 있겠지? 이렇듯 한글은 특정 계층의 사람만을 위한 글이 아니라, 계층을 넘어서 모두가 소통할 수 있는 글로 활용되었던 거야.

구텐베르크, 활판 인쇄술을 발명하다

조선에서 세종이 훈민정음을 반포하던 시기, 유럽에서는 독일(당시 **신성 로마 제국**)의 마인츠 지방에서 구텐베르크가 활판 인쇄술을 발명했어. 구텐베르크는 납과 주석, 안티몬(백색 광택이 나는 금속 원소)을 섞어 녹인 금속을 활자 틀에 부어 활자를 만들고, 포도주나 올리브유를 만들 때 쓰는 압착기를 이용해서 새로운 인쇄기도 만들었어. 또 인쇄가 잘되는 유성 잉크를 개발하고, 인쇄기 압력에 잘 견디는 이탈리아산 종이도 확보했지. 완벽한 인쇄가 이루어지도록 활자 배열, 줄 간격, 종이 두께, 잉크 농도 등을 세심히 살피며 많은 실험을 통해 완성했어.

물론 인쇄 작업은 구텐베르크 혼자 하는 건 아니야. 활자를 만드는 사람, 책 내용대로 활자를 판에 짜 맞추는 사람, 인쇄기를 돌리는 사람 등 여럿이 함께 했지. 아무튼 이제 손으로 일일이 베껴 쓰는 필사를 하지 않아도, 읽기 쉬운 깔끔한 활자로 정확하게 대량 인쇄를 할 수 있게 됐어. 이전에는 평균적으로 두 달에 책 한 권을 필사할 수 있었는데,

신성 로마 제국

서유럽에서 프랑크 왕국(481~843)이 분열된 후 동프랑크 왕국을 중심으로 오늘날의 독일 지역에 형성된 연방 국가. 황제 오토 1세가 교황으로부터 서로마 황제의 관을 수여받으면서 로마 가톨릭과 제휴를 맺게 되었다. 한편 서프랑크 왕국과 중프랑크 왕국은 각기 오늘날의 프랑스, 이탈리아의 모태가 되었다.

구텐베르크 이후에는 일주일에 500권이 넘는 책을 인쇄할 수 있게 됐으니 획기적인 변화였지.

그렇다면 구텐베르크는 인쇄기를 왜 만든 걸까? 11세기부터 13세기까지 약 200년간 이어진 십자군 전쟁이 끝나자, 이제 중세 유럽은 안정기를 맞이하게 되었어. 농업 생산력이 증가하고, 상업과 도시가 발달하고, 대학이 생겨나면서 책을 필요로 하는 사람도 많아졌지. 게다가 1390년에는 독일 뉘른베르크 지역에 종이 공장이 세워지면서 종이를 쉽게 구할 수 있게 되었어. 당시 종이는 아주 값싼 재료는 아니었지만 이제까지 주로 쓰던 양피지(羊皮紙, 양의 가죽으로 만든 재료)보다는 조금 더 저렴했고, 무엇보다도 공장에서 대량 생산이 가능해졌잖아. 그래서 구텐베르크는 종이를 이용해 책을 대량으로 찍어 내면 큰돈을 벌 수 있겠다고 생각한 거야.

활판 인쇄술이 전 유럽에 확산되다

구텐베르크에 대한 기록은 많지 않아서 그의 생애를 구체적으로 알기는 어렵지만, 원래는 금속 세공업자였다고 해. 그러다가 인쇄술에도 관심을 갖게 되면서 인쇄 사업을 시작했어. 그는 글씨 쓰는 일을 전문적으로 하는 필경사들이 만든 책처럼, 읽기 좋은 글자체로 정확하게 찍어 내고 싶었어. 그러기 위해서는 많은 실험과 자금이 필요했지.

1450년에 구텐베르크는 부유한 사업가인 요하네스 푸스트에게 자신이 만든 기계를 담보로 돈을 빌려서 드디어 책을 찍기 시작했어. 자신의 인쇄술을 이용해 처음에는 라틴어 문법서를 만들었지. 대학에서 배우는 학문과 성서의 내용이 대부분 라틴어로 돼 있어서 수요가 많았거든. 그리고 **면벌부** 같은 팸플릿 형태의 인쇄물도 많이 찍었지.

면벌부 [면할 면(免), 벌줄 벌(罰)]

중세에 로마 가톨릭교회가 금전이나 재물을 바친 사람에게 죄의 벌을 면한다는 뜻으로 발행하던 증서. 1095년에 교황 우르바누스 2세가 "십자군 전쟁에 참전하는 병사들은 과거에 범한 죄에 따르는 고행을 하지 않아도 된다"고 하면서 면벌부를 발행하기 시작한 이래 후대 교황들도 이런 관행을 이어 갔다.

당시 유럽은 크리스트교 사회였기 때문에 무엇보다 성서를 가지고 싶어 하는 사람들이 많아서 굉장히 비싼 값에 거래되었어. 1455년경에 드디어 구텐베르크는 훗날 **구텐베르크 성서**라고 불리는 유명한 성서를 완성하게 돼. 그가 만든 성서는 1,286쪽 분량으로, 1쪽당 42줄이 담겼기 때문에 흔히 '42행 성서'라고 부르기도 하지.

그 와중에 푸스트는 구텐베르크가 자기한테 빌린 돈의 이자를 주지 않는다며 소송을 제기했고, 구텐베르크는 소송에서 져서 인쇄소와 인쇄기, 인쇄한 성서 등을 모두 푸스트에게 빼앗기고 말아. 결국 그는 인쇄기 한 대와 몇 가지 물건만 가지고 쫓겨나듯 마인츠를 떠나게 돼. 이후 밤베르크 지역에서 작은 인쇄소를 열었다고 하는데

구텐베르크 성서. 총 1,286쪽 분량으로, 1쪽당 42줄이 담겼기 때문에 흔히 '42행 성서'라고 부르기도 한다.

그 후의 행적은 확인되지 않아.

아무튼 푸스트는 구텐베르크의 인쇄소를 차지하고, 구텐베르크와 함께 일하던 인쇄 기술자이자 사위가 된 쇠퍼와 함께 인쇄업을 이어갔어. 그러다가 푸스트가 흑사병(페스트)으로 죽고 쇠퍼는 큰 부를 얻게 되지. 이후 쇠퍼 가문이 유럽 각지에 인쇄소를 세우면서 크게 성공하고, 쇠퍼와 구텐베르크 밑에서 인쇄술을 배운 사람들이 유럽의 다른 지역에 인쇄소를 차리면서 인쇄술은 전 유럽으로 확산하게 되었어.

구텐베르크가 활판 인쇄술을 발명한 지 50년이 지난 1500년경에는 독일, 이탈리아, 스위스, 네덜란드, 스페인, 벨기에, 영국, 오스트리아, 스웨덴, 포르투갈, 덴마크 등에 1,125곳의 인쇄소가 운영되었다고 해. 출판된 책만 해도 약 2만 6천 종 이상이었지. 이전에는 소수의 성직자나 부유층의 전유물이었던 '지식'이 대중적으로 유통되기 시작한 거야.

인쇄술, 종교개혁과 과학혁명을 이끌다

1515년, 교황 레오 10세가 성 베드로 대성당의 건설 자금을 마련하기 위해 면벌부를 판매했어. 그러자 마인츠의 대주교인 알브레히트는 자신의 빚을 갚기 위해, 면벌부 판매 수입의 절반을 교황청에 보내는 조건으로 자신도 면벌부 판매를 허락받아. 그러고는 아주 조직적이고 체계적으로 면벌부를 만들어 팔기 시작했지. 활판 인쇄술 덕분에 면벌부의 대량 생산이 가능해지자, "돈이 돈 궤짝에 쨍그랑하고 떨어지자마자 연옥으로부터 해방된다"는 논리를 펴면서 아주 공격적으로 나선 거야.

그러자 독일의 신학자이자 비텐베르크 대학의 신학 교수였던 **마르틴 루터**는 면벌부 판매의 부당성을 지적하는 반박문을 써서 비텐베르크 대학의 교회 문에 붙였어. 반박문의 원래 제목은 '면죄의 능력과 유효성에 대한 논쟁'인데, 95개 조항으로 구성돼 있어서 흔히 **〈95개 조 반박문〉**이라고 부르지. '교황의 면벌부란 단지 교황 자신이 내린 벌을 면제한다는 의미일 뿐이며, 진실로 회개한 크리스트교도는 면벌부가 없어도 징벌이나 죄에서 완전히 해방될 수 있다'는 등의 내용을 담고 있어.

루터의 반박문은 원래 라틴어로 쓰였는데, 곧바로 독일어로 번역되어 2주 만에 독일 전역에 퍼졌어. 유럽 전역으로 퍼지는 데에도 고작 두 달 정도밖에 안 걸렸지. 이후 루터가 독일어로 번역한 성서도 독일 전역에 보급되었어. 자국어로 쓰인 성서가 널리 보급되면서 성직자와 일반인 사이의 종교적 지식 차이도 줄어들었지. 유럽을 중세 가톨릭교회의 억압에서 벗어나게 하면서 근대의 출발점이 된 종교개혁의 불씨는 이렇게 만들어지게 된 거야. 그리고 그 중심에는 구

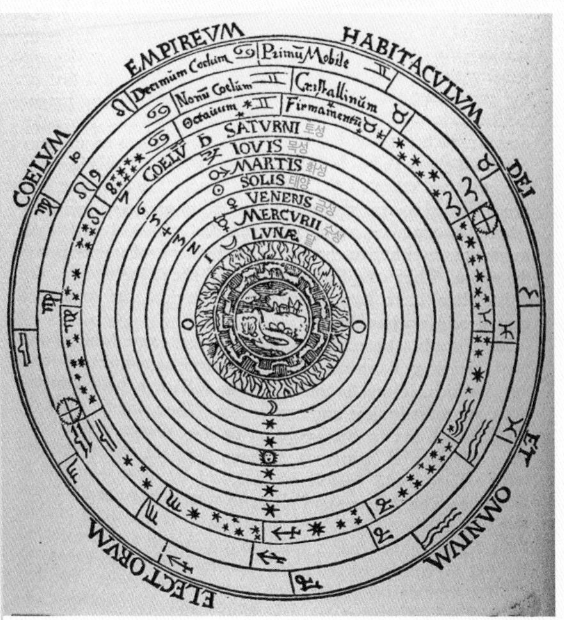

프톨레마이오스의 《알마게스트》(위)와 코페르니쿠스의 《천체의 회전에 관하여》. 각각 태양계의 행성들과 그 운동 방식이 그려져 있는데, 태양과 지구의 위치가 서로 반대로 표시돼 있다.

텐베르크의 인쇄술이 있었던 거지.

한편 16세기 유럽에서는 종교, 과학, 수학, 의학, 문학 등 다양한 책이 쏟아졌는데, 인쇄술은 **과학혁명**에도 큰 영향을 주었어. 특히 불씨가 된 것은 폴란드의 가톨릭 사제이자 과학자이기도 한 **니콜라우스 코페르니쿠스**의 《천체의 회전에 관하여》(1543)라는 책이었어. 이 책에서 코페르니쿠스가 처음으로 **지동설**을 주장했거든.

당시 사람들은 고대 그리스 철학자 아리스토텔레스와 헬레니즘 시대 천문학자 프톨레마이오스가 주장한, '지구가 우주의 중심'이며 천체가 지구 주위를 돈다는 천동설을 진실로 받아들이고 있었어. 그런데 인쇄술의 발달로 프톨레마이오스의 《알마게스트》라는 책이 번역되어 출판되자, 코페르니쿠스는 이 책을 비롯한 여러 문헌 연구와 실제 관측을 바탕으로 프톨레마이오스의 주장에서 지구와 태양의 위치를 바꾸어 지동설을 주장한 거지.

코페르니쿠스는 책의 출간을 미루다가, 천체 배치도를 중심으로 한 소책자를 먼저 출간했어. 이후 본격적인 책 출간을 결정했지만 혹시라도 종교재판에 회부되거나 책이 잘못 왜곡될까 봐 교황에게 글을 써 보냈어.

> 거룩하신 교황 성하! 제가 이 책에서 지동설을 주장한다는 사실 때문에 일부 사람들이 저를 비난하고 있음을 잘 알고 있습니다. (…) 너무도 새로운 제 견해가 저에 대한 경멸을 불러일으킬까 우려해 책을 출

> 간하지 않기로 마음먹은 적도 있었습니다. 하지만 제 친구들은 이 책을 출간하도록 요청했습니다. (…) 수많은 학자와 저명인사들도 수학의 발전을 위해 더 이상 주저하지 말고 이 책을 출간해야 한다고 했습니다. (…) 한심한 수다쟁이들이 수학을 전혀 알지 못한 채, 성서의 구절을 의도적으로 왜곡하며 제 견해에 이의를 제기할 경우, 저는 그들의 말에 전혀 관심을 기울이지 않고 그 불합리한 주장을 비웃을 겁니다.

결국 그가 죽기 직전에야 책이 출간되었고, 이후 지동설은 케플러와 갈릴레이에 의해 과학적으로 입증되었지. 과학자들이 발견한 새로운 지식이 인쇄술을 통해 전파되고, 여기에 또 다른 발견과 지식이 덧붙으면서 과학이 더욱 발전할 수 있었던 거야.

민중의 소통, 지식의 폭발, 새로운 시대

훈민정음 창제라는 세종의 업적은 단순히 문자를 발명했다는 것 이상의 의미를 지니고 있어. 새로운 문자 덕분에, 이제껏 지배층이 독점하고 있던 지식과 정보를 피지배층까지 공유하게 되었다는 게 중요하지. 왕이 백성에게 한글로 글을 써서 왕의 생각을 직접 전달하거나, 부부 간의 편지를 통해 사랑을 확인하거나, 소설을 한글로 번역해 읽으면서 모두가 시대와 함께 호흡하며 소통할 수 있게 된 거지.

구텐베르크의 활판 인쇄술 역시 단순히 책을 대량 생산할 수 있게 되었다기보다, 라틴어를 읽을 수 있는 성직자 등 소수에게 독점되었던 지식 권력을 대중에게 나눠 주었다는 의미가 있지. 대량 인쇄를 통해 대중이 읽을 수 있는 자국어로 성서뿐 아니라 과학, 철학 등 다양한 분야의 책이 만들어지면서 지식이 확산되고 생각을 공유할 수 있게 되었어.

오늘날에는 인터넷과 스마트폰, 소셜 미디어의 활용을 넘어 최근 '챗GPT'의 등장으로 인공지능이 점점 더 보편화되고 있어. 훈민정음이라는 문자의 발명이나 활판 인쇄술이라는 기술의 혁신은 소통의 범위를 넓히면서 지식을 확산하도록 이끌었는데, 그렇다면 인공지능 기술 혁신은 또 어떤 변화를 만들어 낼 수 있을까?

세조 & 메흐메트 2세

피의 두 군주, 왕권 강화에 종교를 이용하다

1392
조선 건국

1451
오스만 제국, 메흐메트 2세 다시 술탄 즉위

1452
단종 즉위

1453
계유정난

1453
동로마 제국 멸망(콘스탄티노폴리스 함락)

1455
세조 즉위

1481
메흐메트 2세 사망

1485
《경국대전》 완성

1453년 10월, 수양대군.

"안평대군이 황보인·김종서와 한패가 되어 왕위를 빼앗으려 공모하니, 형세가 위급하여 조금도 시간의 여유가 없다. 그러므로 이들을 토벌하고자 한다."

1453년 5월, 메흐메트 2세.

"콘스탄티노폴리스가 삼중 성벽이라지만 꼭 함락하고 말겠다. 오르반이 만든 대포를 사용해 보자. 그리고 성벽으로 가는 바다 쪽 진입로가 쇠사슬로 막혀 있다면, 산을 넘어 전함 72척을 옮기는 전술을 써 보도록 하자."

같은 시기, 피로써 권력을 차지한 두 군주는 또 어떤 공통점을 가지고 있을까?

06

형제를 죽이고 왕위를 차지하다

혹시 〈관상〉이라는 영화 본 적 있니? 영화 속에서 수양대군(배우 이정재)이 관상쟁이에게 "내가 왕이 될 상인가?"라고 질문을 하지. 실제로 수양대군은 이후 조카인 단종을 밀어내고 왕의 자리를 차지하는데, 그가 바로 세조야.

역사책에서는 이 사건을 **계유정난**(1453)이라고 하는데, '계유년에 일어난 정난(靖難)'이라는 뜻이야. 그럼 '정난'은 또 무슨 뜻일까? 우리가 자칫 '정치적인 난(亂)'이라는 뜻으로 오해하기 쉽지만, 사실은 정반대야. '편안할 정(靖), 어려울 난(難)', 곧 '정난'은 '나라가 처한 병란이나 위태로운 재난을 평정한다'는 의미거든. 그러니까 수양대군이 왕이 된 것은 나라의 어려움을 평정해서 나라를 편안하게 만든 일이었다는 거지.

단종의 아버지인 문종은 세종의 맏아들로, 30년간 세자로 있으면서 세종을 보필한 공이 컸어. 미남인 데다 똑똑하기까지 했다는 문종은 1450년 왕위에 오른 뒤 2년 4개월 만에 병으로 죽었고, 그의 어린 아들 단종이 열두 살의 나이로 왕위에 올랐지. 어린 단종이 염려된 문종은 죽기 전에 세 정승, 즉 영의정 황보인, 좌의정 남지, 우의정 김종서에게 단종을 잘 보필해 달라고 부탁했어.

하지만 수양대군은 1453년, 세종의 셋째 아들이자 자신의 동생인 안평대군이 왕위를 빼앗으려 한다는 명분을 내세워 황보인과 김종서를 죽이고 안평대군마저 귀양을 보냈어. 이후 자신의 측근들로 정권을 장악하고, 1455년 단종을 겁박해 상왕으로 물러나게 한 후 세조로 즉위하게 되지.

그런데 같은 시기에 지구 반대편에도 세조와 비슷한 군주가 있었어. 수양대군이 계유정난을 일으킨 1453년은 동로마 제국(비잔티움 제국)이 멸망한 해이기도 한데, **오스만 제국**(지금의 튀르키예)이 동로마 제국의 수도였던 **콘스탄티노폴리스**(지금의 튀르키예 대표 도시 이스탄불)를 함락했거든. 이때 동로마 제국을 멸망시킨 사람이 바로 오스만 제국의 제7대 술탄인 메흐메트 2세야.

메흐메트 2세는 무라드 2세의 셋째 왕자였어. 무라드 2세는 첫째 아들이 죽고 둘째 아들마저 죽자 돌연 퇴위를 선언하지. 그리고 열두 살인 메흐메트 2세에게 술탄 자리를 물려주었는데, 메흐메트 2세는 곧 폐위되고 말아. 당시 주변 나라들이 오스만을 위협하자, 재상인 할릴 파샤는 어린 술탄이 이에 대처할 능력이 없다고 생각했는지 다시 무라드 2세가 술탄으로 복귀해 싸워 주길 바랐거든. 그러자 무라드 2세도 못 이기는 척 전쟁에 나가 승리를 거두면서 술탄으로 복귀하게 되지. 그리고 아버지가 죽은 후 1451년에야 메흐메트 2세(19세)가 다시 술탄이 되었는데, 아버지의 복귀를 주도했던 할릴 파샤는 결국 처형되고 말아.

메흐메트 2세는 다시 술탄으로 즉위하게 되자 자신의 어린 이복동생인 아흐메드를 처형했어. 그리고 자신의 집권 말기에 편찬된 법령집에 이런 법규까지 만들어 놓았지.

> 세상의 질서를 위해서 형제를 처형할 수 있다.

원래 이슬람 법에서는 자유인인 무슬림(이슬람교도)을 재판 없이는 처형하지 못하도록 규정하고 있어. 그런데 메흐메트 2세는 원래의 법을 어기고, 왕위 분쟁을 방지하기 위해 술탄이 형제를 처형할 수 있도록 규정한 것이지. 결국 술탄이 즉위할 때 형제를 살해하는 이 관행은 16세기에 메흐메트 3세가 즉위할 때까지 계속되었다고 해.

"세상의 질서를 위해서"라고 했으니 이게 바로 '정난' 아니겠어? 계유정난으로 형제와 조카를 희생시키고 왕위에 오른 세조, 동생을 죽이고 제국의 질서를 위해서라면 형제도 죽일 수 있다고 법률로 규정한 메흐메트 2세. 두 사람은 권력을 위해서라면 혈육의 정도 버릴 수 있는 냉혹한 '피의 군주'였다는 공통점이 있지. 하지만 이들의 공통점은 이것만이 아니었어.

세조는 어떻게 왕권을 강화했을까?

성리학을 나라의 근간으로 삼았던 조선에서는 왕위를 적장자(정실 부인이 낳은 첫째 아들)가 계승한다는 원칙을 세웠고, 세종에서 문종, 단종으로 이어지면서 이런 원칙을 따랐어. 그러니 장자로 왕위를 이어받은 단종을 밀어내고 쿠데타를 통해 왕위를 차지한 수양대군은 백성들에게 지지를 받을 수 없었지.

성삼문, 박팽년, 하위지, 이개, 유성원, 유응부 등 **사육신**도 세조에게 반기를 들었어. 유응부를 제외하고는 모두 세종 때의 뛰어난 **집현전** 출

사육신과 생육신 [죽을 사(死), 날 생(生), 여섯 육(六), 신하 신(臣)]

세조에 반대하며 단종의 복위를 꾀하다 잡혀 죽은[死] 여섯 충신[六臣]을 '사육신'이라 하고, 역시 세조에 반대하는 의미로 벼슬을 하지 않았던 여섯 충신을 '생육신'이라고 한다. 생육신은 이맹전, 조여, 원호, 김시습, 성담수, 남효온이다.

집현전 [모을 집(集), 어질 현(賢), 큰 집 전(殿)]

조선 세종 때 궁궐 안에 설치한 학문 연구 기관. 특히 훈민정음 창제와 이와 관련된 편찬 사업을 활발히 하면서 세종 대의 황금기를 이끈 원동력이 되었다.

신 학자였지. 이들은 1456년 영월에 유배되어 있던 단종을 다시 왕위에 앉히려고 계획했다가 곧 발각되어 처형되고 말아. 그리고 세종의 여섯째 아들이자 세조의 동생인 금성대군도 조카인 단종을 다시 왕위에 올리려고 시도하다가 들켜 죽임을 당했어. 그렇다면 세조에게 왕위를 양위하고 유배된 단종은 어떻게 되었을까? 결국 단종도 영월에서 죽음을 맞이하게 돼.

사육신이 대부분 집현전 출신이었기 때문인지, 세조는 인재들의 집합소였던 집현전을 혁파하고 집현전 학자들이 주관하는 경연(經筵)도 정지시켰어. '경연'이란 왕이 신하들과 더불어 학문을 연마하고 국정을 논의하던 자리였기에, 집현전과 경연을 폐지했다는 것은 곧 세종과 문종을 거쳐 지속적으로 쌓아 온 학문 연구의 동력을 잃게 되었다는 말이지.

그렇다면 민중의 지지 기반이 약했던 세조는 왕권을 확립하기 위해 어떤 정책을 펼쳤을까? 우선 세종 때 시행되었던 **의정부 서사제**를 폐지하고, **6조 직계제**를 실시한 것이 대표적이야. 즉 의정부를 거치

의정부와 6조 [의논할 의(議), 정치 정(政), 관청 부(府)]

'의정부'는 조선시대 정부의 최고 기관으로, 영의정을 수장으로 하여 좌의정·우의정 등 세 정승을 두어 국가의 각종 정책을 논의하고 결정했다. 그리고 그 아래에 행정 기관으로 6조를 두었는데, 이조·호조·예조·병조·형조·공조가 있다. 오늘날로 치면 각기 행정안전부, 기획재정부, 문화체육관광부, 국방부, 법무부, 과학기술정보통신부와 비슷하다. 각 조의 수장은 '판서'라고 하여 오늘날의 각 부처 장관에 해당한다. '의정부 서사제'는 왕권을 견제하기 위해 6조의 업무를 의정부의 세 정승에게 보고하고 이들 정승이 다시 왕에게 보고하는 제도다. 이에 반해 6조에서 논의한 것이 의정부를 거치지 않고 바로 왕에게 보고되는 제도가 '6조 직계제'로, 왕권 강화를 꾀했던 태종과 세조 때 시행되었다.

지 않고 왕이 직접 6조 판서들의 서류를 결재하고 정치를 주관하는 제도지. 단종이 왕으로 있을 때 의정부의 노련한 정승들에게 둘러싸여 왕권이 약해지는 것이 못마땅했던 세조가 왕권 강화의 의지를 보여 준 것이라고나 할까?

또 세조는 계유정난 때 공이 컸던 공신(정난공신)들을 가까이하며 우대했어. 특히 잦은 술자리를 통해 친밀감을 보여 주었지. 그러나 세조는 공신들의 잘못을 견제하지 못했고, 결국 나중에는 이들의 세력이 너무 커져서 왕권을 약화시키는 원인이 되기도 해. 그래서 훗날 성종은 이들 공신 세력을 견제하기 위해 새로운 인물들, 이른바 **사림파**를 등용하게 돼. 이 사림파가 공신 세력인 **훈구파**에 맞서 점점 세력을 넓혀 가다가 네 번의 '사화'를 겪은 끝에 마침내 정치를 장악하게 되지. 이 이야기는 뒤에서 다시 자세히 살펴볼 기회가 있을 거야.

한편 세조는 통치의 기준을 통일하고 명문화하는 법전 편찬 사업도 시작했어. 이것이 바로 **《경국대전》**이야. 《경국대전》은 나라를 다스리는 법령을 종합한 책인데, 세조 6년(1460)에 집필을 시작해서

사림파와 훈구파 [선비 사(士), 수풀 림(林), 공로 훈(勳), 옛 구(舊)]

'사림'이란 산림에 묻혀 유학 연구에 힘쓰던 선비들을 일컫는 말이고, '훈구'란 예부터 대대로 나라나 군주를 위해 드러나게 세운 공로가 있는 집안이나 신하를 가리키는 말이다. 주로 조선시대 초기의 두 세력을 지칭한다.

사화 [선비 사(士), 재앙 화(禍)]

'사화'란 '선비들의 재앙'이란 뜻으로, 조선시대에 조정의 신하나 선비들이 정치적 반대파에게 몰려 참혹한 화를 입던 일을 말한다. 조선시대에는 네 번의 사화가 있었다. 연산군 대의 무오사화(1498)와 갑자사화(1504), 중종 대의 기묘사화(1519), 명종 대의 을사사화(1545)다.

합천 해인사에 봉안된 세조의 어진

(해인사 성보박물관 소장).

성종 대에 몇 번의 수정과 재검토 작업을 거쳐 성종 16년(1485)에야 비로소 완성하여 시행하게 되지. 거의 25년 정도 걸린 셈인데, 이렇게 통일된 법전을 만들어 놓으면 시대가 흘러도 동일한 기준을 적용할 수 있지. 그래서《경국대전》은 조선시대 최고의 법전으로서 기준이 되었고, 이후의 법전들은 모두《경국대전》의 기본 원칙을 따르게 돼.

이렇게 세조는 여러 정책을 펼치면서 차츰 왕권을 굳게 확립해 갈 수 있었어.

배척된 종교를 지원하다

한편으로 세조는 불교에 애정을 많이 가졌던 왕이었어. 세조가 수양대군이던 시절, 어머니 소헌왕후의 명복을 빌기 위해 석가모니의 일대기와 주요 설법을 담은 한글 산문집《석보상절》(1447)을 집필했을 정도니까. 이후 세종의《월인천강지곡》(1449)과 자신이 쓴《석보상절》을 합쳐 한글로《월인석보》(1459)를 편찬하기도 해. 이런 경험을 살려 불교 경전을 한글로 발행하는 '간경도감'이라는 기관을 설치하고, 불경 간행을 국가 사업으로 추진하게 되지.

> 처음으로 간경도감을 설치하고, 도제조·제조·사·부사·판관을 두다.
> -《세조실록》, 세조 7년(1461) 6월 16일

게다가 유점사, 낙산사, 상원사 등 사찰의 중건(重建, 다시 고쳐 지음)을 지원했으며, 왕명을 내려 지금의 탑골공원 자리에 원각사를 세웠어(1464). 유교를 숭상하고 불교를 배척하는 '숭유 억불' 정책을 시행하던 조선에서 당연히 관료들의 반발이 있었지만, 세조는 강력한 왕권을 동원해서 불교의 문화유산을 보존하고 재정비하는 사업을 벌였지.

그럼 세조는 왜 유교 국가인 조선에서 불교를 지원했을까? 백성들 사이에서는 불교가 여전히 신앙으로 뿌리 깊게 자리 잡고 있었어. 계유정난으로 백성의 지지가 취약했던 세조는 불교를 이용해 왕으로서의 정통성을 확립해 나가려고 시도했던 것 같아.

그뿐만 아니라 세조는 순행(왕이 나라 안을 두루 살펴 돌아다니던 일)을 자주 나가면서 백성들을 직접 만나 자신의 통치력을 확보하려고 했어. 세조 후반기에는 주로 건강 문제로 순행을 다녔는데, 강원도의 주요 사찰을 방문하면서 발생한 신비한 현상들이 민간에 설화로 전해지고 있어.

> 세조가 전신에 종기가 돋고 고름이 나는 등 피부병이 있는데 (…) 세조가 상원사에서 기도하던 어느 날, 오대천의 맑은 물이 너무 좋아 혼

> 자 몸을 담가 목욕하고 있었다. 그때 지나가던 한 동승(童僧)에게 (…) 동승이 등을 밀자 몸이 날아갈 듯이 가벼워졌다.
> 목욕을 마친 세조가 동승에게 "그대는 어디 가든지 임금의 옥체를 씻었다고 말하지 말라"고 하니, 동승은 미소를 지으며 "대왕은 어디 가든지 문수보살을 친견했다고 하지 마십시오" 하고는 홀연히 사라져 버렸다. (…) 어느새 자기 몸의 종기가 씻은 듯이 나은 것을 알았다. (…) 화공을 불러 그때 만난 동자의 모습을 (…) 조각하게 하니 이 목각상이 바로 상원사의 문수동자상이다.[4]

현재 오대산 상원사에는 지혜를 상징하는 문수동자상이 국보로 남아 있어. 또 세조가 용문산 상원사에 행차했을 때 자비심으로 중생을 구제한다는 관세음보살을 세조가 직접 보았다는 기록도 있지. 이런 설화들을 보면 백성들이 믿는 불교를 이용해 임금의 존재감을 부각시키려고 한 것만은 분명해 보여.

오스만 제국의 탄생

'오스만 제국'이라는 이름이 좀 많이 낯설지? 오스만 제국은 지금의 튀르키예의 원형이 되는 나라야. 1299년에 처음 수립된 이래 발전과

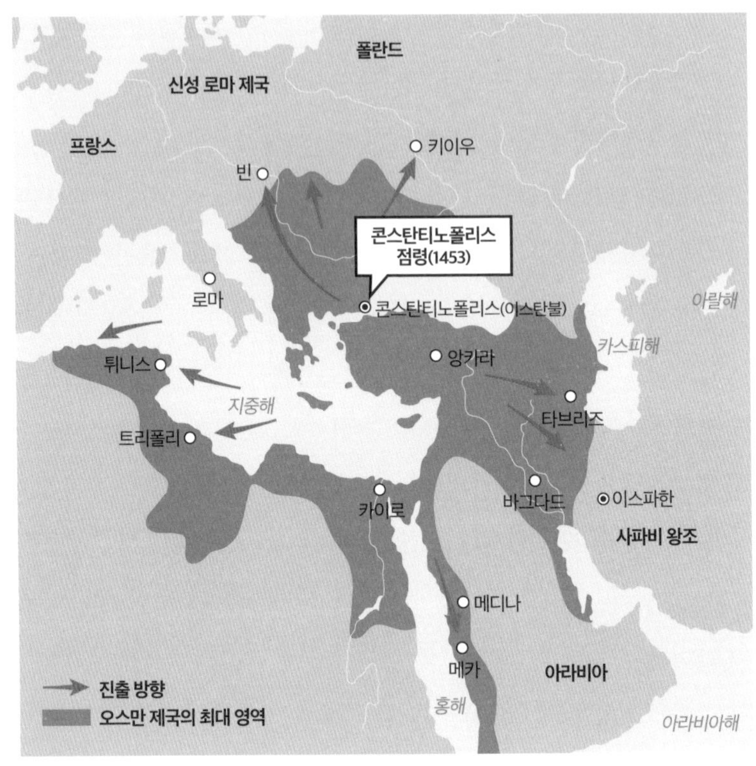

쇠퇴를 거듭하며 1923년에 튀르키예 공화국이 되었는데, 6·25 전쟁 때 우리나라를 돕기 위해 참전했고, 2002년 월드컵 축구 대회 때에도 우리나라와 나란히 3, 4위전에 올라 서로를 응원하기도 했던 친숙한 나라이기도 하지.

현재 튀르키예가 자리한 소아시아반도는 아시아 대륙의 서쪽 끝에서 유럽과 맞닿아 있는 땅이야. '반도(半島)'라는 지형에서 알 수 있는 것처럼, 삼면이 흑해·에게해·지중해로 둘러싸여 있으면서 유럽 땅과 마주하고 있지. 소아시아반도 지역을 '아나톨리아'라고도 하는데, 그리스어로 '해가 뜨는 곳'이라는 단어에서 유래했다고 해.

소아시아반도는 유럽과 아시아를 잇는 중요한 길목이기 때문에, 역사적으로 이곳을 차지하기 위한 각축전이 벌어지곤 했어. 로마 제국이 이곳을 점령한 뒤 로마 황제 콘스탄티누스 대제는 324년에 수도를 이곳의 대도시였던 비잔티움으로 옮겨. 그리고 그 명칭을 '콘스탄티노폴리스'로 바꾸지. 이후 로마가 서로마와 동로마로 분리되고, 서로마 제국은 멸망하지만 동로마 제국(비잔티움 제국)은 여전히 이곳을 수도로 삼아 천 년 동안 존속하게 돼. 오스만 제국에게 멸망당하기 전까지 말이야.

오스만 제국은 원래 중앙아시아에 살던 튀르크(돌궐)족에서 시작되었어. 튀르크족의 일파였던 셀주크 튀르크가 널리 세력을 확장해 동로마 제국을 위협하면서 십자군 전쟁이 벌어지기도 하지. 그러다가 몽골의 침략으로 셀주크 튀르크가 무너지고, 그사이 소아시아반도 서북부 지역의 오스만 1세 부족장이 1299년에 나라를 세우며 조금씩 세력을 얻어 나가기 시작해. 이후 여러 술탄을 거치며 소아시아반도와 발칸반도, 그리고 서아시아 및 북아프리카까지 장악하며 600년 이상 제국으로 자리를 지키게 되지.

동로마의 수도,
콘스탄티노폴리스를 무너뜨리다!

원래 이슬람 세계에서는 신체적 결함이 있는 왕자는 통치자의 지위에 오를 수 없다는 규칙이 있었어. 그 때문인지 오스만 제국에서는 왕위 쟁탈전에서 탈락한 형제를 강제로 실명시키는 형벌이 여러 번 집행되었어. 메흐메트 2세의 아버지 무라드 2세도 동생의 반란을 진압한 후, 어린 두 동생의 눈을 멀게 하여 자신의 권력을 다졌던 선례를 남겼지.

튀르크족이 세운 나라들은 카리스마가 강한 지도자가 살아 있는 동안은 전성기를 누리지만, 지도자가 죽은 후에는 후계자 분쟁으로 나라가 분열해 급속히 붕괴하는 사례가 많았다고 해. 이런 경험으로 오스만 제국은 왕이 되지 못한 남자 왕족에게 일부러 해를 가해서 왕위 다툼을 방지하고자 한 거야. 그래서 메흐메트 2세도 술탄에 즉위한 뒤 형제 살해를 법령집에 규정해 놓았겠지. 이렇게 메흐메트 2세는 자신의 지위를 다지며 오스만 제국의 영역을 넓힌 정복왕으로 활약하는데, 그 시작이 바로 콘스탄티노폴리스 점령이었어.

콘스탄티노폴리스는 동로마 제국의 수도로서, 서로마 멸망 후에도 그리스 정교(동방정교)의 중심지로 천 년 동안 지위를 유지했지. 단단한 3중 성벽으로 건설되어 23차례의 외침을 막아 낸 철옹성이었어. 하지만 메흐메트 2세는 즉위 2년 만에 이 단단한 콘스탄티노

아야 소피아. 메흐메트 2세는 그리스 정교회 성당을 이슬람 사원으로 개조해 사용했다.

폴리스의 성벽을 공격했어. 성벽을 뚫기 위해 거대한 대포를 사용하고, 상상도 못 할 전략을 펼치게 돼.

> 메흐메트 2세는 쇠사슬로 봉쇄된 골든혼(바다)을 넘기 위해 산에 통나무를 깔고 기름칠을 해 배를 산으로 하루 만에 이동시켰고, 성벽 북쪽 문을 격파하는 데 성공했다. 그리하여 콘스탄티노폴리스가 53일 만에 함락되었다.[5]

산을 넘어 배를 이동시키는 전략으로 콘스탄티노폴리스를 무너뜨린 메흐메트 2세는 당시 스물한 살에 불과했어. 그러고는 콘스탄티노폴리스를 '이스탄불'로 개명하고 오스만 제국의 수도로 삼게 되지. 비잔티움이라는 역사적인 도시의 이름이 콘스탄티노폴리스, 이스탄불로 계속 바뀐 거야.

메흐메트 2세는 스스로를 로마의 카이사르(기원전 1세기경 로마의 장군이자 정치가)라고 칭하면서, 콘스탄티노폴리스에 있던 그리스 정교회 성당을 이슬람 사원인 모스크로 개조해. 그러나 성당을 파괴하지는 않고, 성당 안 벽의 모자이크를 석회 반죽으로 덮어 가리기만 한 뒤 모스크로 사용했어. 그것이 바로 아야 소피아인데, 사진이나 영상을 통해서 한 번쯤 보았을 거야.

이렇게 동로마 제국이 멸망하자, 이곳에서 그리스 고전을 연구하던 많은 학자가 서유럽으로 이주했지. 이들이 가져온 그리스 고전과 동로마 제국의 학문에 자극을 받아 마침내 서유럽에서 **르네상스**가 시작되게 된 거야.

메흐메트 2세의 콘스탄티노폴리스 점령은 이슬람 세력인 오스만 제국이 동서 교역의 중심지인 지중해를 장악해 주도권을 가지는 계기가 되었어. 이에 대응해 서유럽 여러 나라는 이슬람 세력을 몰아내고 크리스트교를 더욱 확산시키려고 했지. 그러나 알렉산드로스 대왕을 동경했던 메흐메트 2세는 30년에 걸친 치세 기간 동안 콘스탄티노폴리스뿐만 아니라 소아시아반도 전체, 그리고 오늘날 그리스·알바니아·불가리아·루마니아·크로아티아 등이 위치한 발칸반도의 여러 왕국까지 완전히 손에 넣어 정복왕으로서 면모를 다질 수 있었어.

그렇다면 메흐메트 2세는 확장된 영토를 효과적으로 통치하기 위해 어떤 방법을 사용했을까? 주로 무슬림이 아닌 노예들을 활용했는데, 정복 과정에서 포로가 된 크리스트교도 소년들을 이슬람교로 개종시켜 관료나 군인으로 키웠지. 메흐메트 2세가 콘스탄티노폴리스를 장악했을 때 투입된 소년 보병 부대도 '예니체리'라고 불리는 개종한 노예 병사들이었어. 이들은 술탄의 최정예 부대로서, 군사적으로 술탄

오스만 제국의 소년 징집 제도

크리스트교 국가 출신 소년들을 노예로 삼아 인재로 키우는 제도로 '데브시르메'라고 한다. 이 중 가장 우수한 소년들은 궁전으로, 그다음 우수한 소년들은 기마병대로 보내고, 나머지는 술탄의 상비군인 보병 부대에 편입시켰다. 그러나 이들이 출세를 해도 노예라는 신분은 유지되어 '왕의 노예(카프쿨루)'라고 불렸다.

톱카프 궁전(위)과 궁전의 가장 바깥에 위치한 '황제의 문'. 이 문에는 "두 대륙의 술탄, 두 바다의 지배자"라는 호화로운 글귀가 새겨져 있다.

의 권력을 뒷받침했지. 또한 메흐메트 2세 때 대재상 여덟 명 가운데 자유인 무슬림은 두 명뿐이었고, 나머지는 모두 이렇게 성장한 노예 출신이 차지했대. 자유인 무슬림 가문의 유력자들이 권력을 장악해 왕권을 약화시키는 상황을 막고, 군주와 국가에 봉사하는 노예들을 통해 군주에게 권력을 집중시키려고 한 것이지.

또한 메흐메트 2세는 이스탄불 시내 중심지에 톱카프 궁전을 건축했어. 메흐메트 2세 때 완공되어 400여 년 동안 역대 술탄들이 거주하면서 신하들과 정치를 논하던 곳이지. 우리나라로 치면 경복궁 정도라고나 할까? 톱카프 궁전의 가장 바깥에 위치한 '황제의 문' 위에는 호화로운 글귀가 새겨져 있는데, 메흐메트 2세 자신을 "두 대륙의 술탄, 두 바다의 지배자"라고 칭했다고 해. 여기서 두 대륙은 소아시아와 발칸, 두 바다는 흑해와 지중해를 가리키지. 즉 메흐메트 2세 자신이 곧 황제임을 표명한 셈이야. 그의 정치적 자부심이 얼마나 큰지 알 수 있겠지!

종교를 이용해 통치력을 강화하다

이슬람교는 우상 숭배를 금지하기 때문에 숭배의 대상을 조각이나 그림으로 표현할 수 없었어. 하지만 메흐메트 2세는 이탈리아 화가

15세기 베네치아 최고의 화가 젠틸레 벨리니가 그린 메흐메트 2세의 초상(1480). 자유로운 성향을 지닌 메흐메트 2세는 이슬람 문화만을 고집하지 않고 르네상스 문화에도 큰 관심을 보였다.

들을 초청해 자신의 초상화를 그리게 했지. 베네치아 최고의 화가인 젠틸레 벨리니도 그의 궁전에 머물면서 초상화를 그려 주었어. 현재 이 초상화는 런던 내셔널 갤러리에 전시되어 있지. 그리고 유명한 르네상스 화가 레오나르도 다빈치도 초대되었다는데, 그가 메흐메트 2세의 초상화를 그렸는지는 알 수 없어. 아무튼 군주로서 이슬람 문화만을 고집하지 않고 르네상스 문화에도 관심을 보였던 메흐메트 2세의 자유로운 성향을 엿볼 수 있지.

또한 메흐메트 2세는 무슬림이 아닌 사람들에게도 '지즈야'라고 하는 세금만 내면 각 민족의 자치와 신앙의 자유를 보장해 주었어. 이 제도를 '밀레트'라고 하는데, 다양한 민족에게 자치적인 생활과 종교의 고유성을 허용하는 대신 술탄에게 충성하도록 한 거지. 이 정책은 메흐메트 2세가 다스리던 소아시아와 발칸 지역의 그리스 정교, 로마 가톨릭, 유대교 등 다른 종교인들에게도 적용되었어. 정복지에서 이슬람교만을 강요하지 않고 종교의 자유를 허락해 준 것은 넓은 영토와 다양한 민족을 현명하게 지배하고 자신의 통치력을 강화하기 위한 방안이 아니었을까?

왕권을 차지하기 위해 냉혹한 모습을 보였던 세조와 메흐메트 2세. 하지만 두 군주 모두 당시 배척된 종교에 관심을 가지고 지원한 결과, 새로운 문화가 형성될 수 있는 기반을 마련했어. 이렇게 자신의 통치력을 강화하기 위한 수단으로 종교를 이용했다는 점이 바로 이 두 군주의 또 한 가지 공통점이 아닐까?

조광조의 개혁 &
마르틴 루터의
〈95개 조 반박문〉

동서양에 개혁가들이 등장하다

1446
훈민정음 반포

1450
구텐베르크, 활판 인쇄술 발명

1492
콜럼버스, 아메리카 대륙 발견

1506
중종반정, 연산군 폐위

1515
조광조 관직 진출

1517
마르틴 루터, 〈95개 조 반박문〉 발표

1519
기묘사화,
조광조의 죽음

1517년 조선, 폭정을 펼친 연산군이 폐위된 뒤 새로운 임금으로 추대된 중종의 곁에서 한 신하가 다음과 같이 말했어.

"시험으로는 사람의 능력을 온전히 다 평가할 수 없으니 추천제를 도입해야 합니다. 그리고 훈구파 중 아부와 뇌물로 공신이 된 자들의 자격을 박탈하십시오!"

그의 주장은 조선을 휘어잡고 있던 정치 세력에 대한 도전이었으며, 오랫동안 이어진 제도와 관습의 틀을 깨는 파격적인 개혁안이었지.

1517년 독일(신성 로마 제국), 비텐베르크 지역의 한 교회 문에 누군가가 <95개 조 반박문>을 내걸며 사람들에게 말했지.

"돈을 내면 내가 지은 죄에 대한 벌을 사면받을 수 있다는 교황의 주장은 거짓이오! 내가 그 이유를 95가지 항목으로 설명하겠소."

파격적인 그의 발언은 당시 유럽인들의 정신적 지주였던 교황에게 던지는 도전장이나 다름없는 것이었어.

동시대 서로 다른 지역에 살았던 두 인물은 당시 사회에 큰 영향을 준 개혁가였다는 공통점이 있어. 이 인물들에 대해 한번 알아볼까?

07

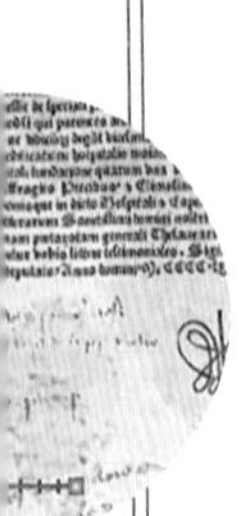

올곧은 조선 청년,
당당하게 정치에 입문하다

청년은 어렸을 때부터 성리학 공부에 큰 관심과 소질을 보였고, 성품이 바르고 굳세어서 남들이 보지 않는 곳에서도 몸과 마음을 허투루 하지 않는 걸로 유명했어. 그는 인재 양성을 위한 조선 최고의 교육기관인 **성균관**에 들어가게 되었지.

그런데 막상 성균관에 들어가 보니, 학생들은 화려한 의복만 좋아하고 공부는 뒷전인 채 노느라 바빴어. 조선의 미래를 이끌어 갈 젊은 인재들이 학문에 매진하지 않고 있는 거야. 선배와 친구들이 오늘은 무엇을 하고 놀까 궁리하고 있을 때, 새내기였던 이 청년은 하루 종일 곧은 자세로 책을 읽으며 학문에 집중했다고 해. 그의 이런 행동은 모두의 관심을 끌기에 충분했지. 군계일학(群鷄一鶴)은 '닭 무리 속의 한 마리 학'이라는 뜻으로, 많은 사람 속에서 단연 두각을 나타내는 사람을 지칭하는 말이야. 이 새내기 청년은 군계일학 그 자체였지.

조광조 초상.

결국 그의 열정적이고 올곧은 태도는 조정에까지 소문이 퍼져서, 입학한 지 1년 만에 벼슬에 천거(추천)되었어. 오늘날로 치면 특별 채용으로 승진하게 된 거야. 그런데 놀랍게도 그는 이 제안을 거절하고 벼슬길에 오르지 않았대.

"나는 원래 관직에 큰 욕심도 없지만, 관직에 오르더라도 명성 때문에 천거받아 오르게 되었다는 말을 듣기 싫다. 차라리 정정당당하게 실력으로 과거시험에 급제해서 내 힘으로 관직에 오를 것이다."

바르고 굳세었던 그의 성품이 잘 느껴지지? 소신 있게 나랏일을 하려면 허물이 없고 당당해야 한다고 생각했던 그는 중종 5년(1510), 과거시험에 전체 2등으로 합격하게 돼. 당시 과거시험 문과에서는 대개 성적순으로 갑과 3명, 을과 7명, 병과 23명으로 나누어 등급을 매겼는데, 그는 을과 장원(1등)이었어. 그런데 이때 치러진 시험에서는 갑과를 1명만 뽑았기 때문에, 전체 순위로 치면 2등으로 급제한 셈이지. 이 올곧은 청년의 이름이 뭐냐고? 바로 조광조(1482~1519)였어.

훈구파의 독주와 연산군의 폭정

조광조가 등장하기 전 조선의 정치 흐름을 잠시 살펴볼까? 세종의 둘째 아들 수양대군이 계유정난(1453)을 일으켜 세조로 즉위할 때, 세조 편에 서서 권력을 얻었던 세력을 **훈구파**라고 해. 사실 이들은 원래 고려 말에 조선 건국을 둘러싸고 신하들이 찬성파와 반대파로 나뉘었을 당시 찬성파에 속했던 자들로, 이성계의 역성혁명이 성공한 이후 조선의 고위 관직을 독점하고 대농장을 소유하며 부유한 생활을 해 왔어. 세조 집권 이후에도 중앙과 지방에서 막강한 권력을 행사했지.

그럼 조선 건국에 반대했던 신하들은 어떻게 되었냐고? 그들은 지방에 조용히 머물면서 성리학을 연구하고 **향약**을 보급하면서 농민들을 교화하는 데 힘쓰고 있었어. 이들이 성종 때 본격적으로 중앙 정계에 진출하면서 **사림**으로 불리게 돼. 사림은 도덕성과 근본주의적 성리학을 강조하며 훈구파의 부정부패를 비판했어. 그러니 훈구파 입장에서는 사림의 등장이 달갑지 않았을 거야.

그러던 와중에 성종이 죽고, 세자 이융이 열아홉 살에 조선의 제10대 왕으로 즉위하게 돼(1494). 그는 친어머니인 중전 윤씨가 궁에서 쫓겨나 사약을 받고 일찍 죽은 탓에 외로운 어린 시절을 보냈는데, 즉위 후에야 어머니 죽음의 전말을 듣고는 그 일을 문제 삼아 수없는 폭정을 일삼았어. 이 인물이 조선의 폭군으로 유명한 **연산군**이야. 그리고 연산군이 즉위하고 훈구파와 사림파의 대립이 폭발하게 되면서, 결국 두 차례의 사화가 일어나고 말아.

연산군은 이 **무오사화**(1498)와 **갑자사화**(1504)를 통해 많은 신하를 숙청했어. 또 전국의 미녀들을 궁으로 불러 매일 방탕하게 음주가무를 즐겼고, 궁궐에 사나운 맹수들을 풀어놓고 사냥을 하기도 했지. 왕이 학자들과 공부하는 경연도 폐지하고, 성균관을 먹고 즐기는 곳으로 만든 것도 바로 그였어. 그리고 충심으로 간언하는 신하들을 유배 보내거

향약 [시골 향(鄕), 묶을 약(約)]

지방 농촌 사회의 안정을 도모하기 위해 보급된 마을 자치 규약. '좋은 일은 서로 권하고, 잘못은 서로 바로잡아 주며, 예의범절의 풍속을 서로 권장하고, 어려운 일이 있으면 서로 도와준다' 등과 같이 유교적 덕목을 실천하고, 농민들을 공동체로 결속시켜 주는 내용이다.

반정 [되돌릴 반(反), 바를 정(正)]

'반정'이란 '바르게 되돌린다'는 뜻으로, 나쁜 정치를 하는 왕을 폐위하고 새로운 왕을 추대하는 것을 말한다. 조선시대에는 반정이 두 차례 일어났다. 연산군을 끌어내리고 중종을 왕위에 올린 '중종반정'(1506), 광해군을 폐위하고 인조를 추대한 '인조반정'(1623)이다.

왕인데 왜 '연산군'이라고 부를까

반정으로 폐위된 후 후대에 다시 복위되지 못한 왕은 '-조(祖)'나 '-종(宗)'으로 끝나는 묘호를 받지 못해 왕자 시절의 이름으로 불린다. 조선시대에 이에 해당하는 왕은 연산군과 광해군 둘뿐이다.

나 잔인하게 죽여 버렸지.

결국 참다 참다 폭발한 신하들은 1506년, 왕을 교체하는 '반정'을 일으켜서 연산군을 유배 보내고, 연산군의 이복동생 중종을 새로운 왕으로 섬기게 돼. 역사책에서는 이 사건을 **중종반정**이라고 하지. 그리고 강화도에 유배된 연산군은 2개월 뒤에 병으로 숨을 거두었어.

조선의 혁신을 꿈꿨던 성리학자 조광조

성리학은 하늘의 이치인 도(道)를 실천하는 것과 정통성을 중요하게 여기는 학문이야. 그런데 당시 조선에서는 세조의 왕위 찬탈(계유정난)과 연산군의 폭정, 중종반정을 거치면서 많은 사람이 죽고, 순리와 정통성에 어긋나는 상황이 많이 발생했지.

조광조는 성리학이 널리 구현되는 세상을 만든다면 이러한 혼란을 잠재울 수 있고, 백성이 더 행복한 삶을 살 수 있을 거라 믿었어. 그러기 위해서는 우선 왕이 맑은 마음으로 덕을 쌓아 백성을 굽어살펴야 한다고 보았고, 정치가 발전하려면 다양한 의견이 자유롭게 오고 갈 수 있어야 한다고 생각했지. 그래서 경연에서 왕과 신하들이 활발하게 토론하는 풍토를 만들려고 했어.

그러나 새로운 세상을 만드는 건 혼자 힘으로는 불가능해. 많은 개혁을 추진하려면 나와 뜻을 함께하는 정치 세력을 모을 필요가 있지. 그래서 그는 더욱 학문에 정진하면서 후배 성리학자들을 많이 양성해서 중앙 정계로 불러들이게 돼.

조광조는 사람이 바뀌지 않고서는 아무리 좋은 개혁 정책도 빛을 발하지 못할 것이라 생각했어. 사실 이건 오늘날에도 마찬가지야. 조직이 더 나은 방향으로 바뀌고 나아가려면 그 방향성에 걸맞은 인재를 선발하는 게 굉장히 중요하니까.

조선에서는 관리가 되려면 과거시험을 통과해야 했는데, 이는 유교 경전과 관련한 논술형 시험이었어. 유교 경전 내용을 바탕으로 실제 정치에 필요한 지식을 갖춘 인재를 선발하는 것이 과거시험의 주된 목적이었지. 그런데 오로지 경전을 '암기'하는 데만 치중한 사람이 덜컥 합격하게 되면 문제가 생길 수도 있어. 실제로 중종은 이런 사태를 걱정하여, 너무 어린 나이에 과거에 합격한 사람은 바쁜 직책에 임명하지 않도록 명령하기도 했대. 아무래도 유교 경전에 대한 '지식'만 풍부하다고 해서 나랏일을 잘하는 것은 아닐 테니까.

이에 조광조는 이렇게 주장했어.

> "지금 우리 조정을 보면 윗사람은 훌륭한 반면 그 뒤를 받쳐 줄 아랫사람이 부족합니다. 인재는 문장만 화려하게 잘 쓰는 사람이 아니라, 반드시 학문이 풍부하고 덕행과 재능이 뛰어난 자로 뽑아야 합니다."
>
> -《중종실록》, 중종 13년(1518) 3월 11일

그러면서 그는 과거제를 보완하기 위한 제도로 **현량과**를 설치할 것을 건의했어. 현량(賢良, 어질고 착한 사람), 즉 학식이 있으면서도 덕망이 있는 자를 추천받아 간단한 면접시험을 치른 후 관리로 등용하자는 말이지. 조광조는 시험만으로는 사람을 온전히 파악하기 힘드니 인간성과 성품을 중심으로 인재를 선발할 필요도 있다고 본 거야. 지식이 많다고 해서 지혜로운 건 아니니까. 과거시험도 치르되, 현량과를 통해 숨은 인재를 국가가 나서서 선발해야 조정이 다채로운 인재들로 균형 있게 채워질 것이라 생각한 거지.

현량과를 도입한다면 조광조 같은 사림 세력이 늘어날 것을 우려한 훈구파의 반대에도 불구하고, 1519년 4월 13일 경복궁 근정전에서 현량과가 처음 실시됐어. 중종이 직접 참여한 가운데 28명의 새로운 인재가 선발되었지. 그중에는 이미 관직에 진출한 사람들도 있었는데, 아마도 능력은 있으나 말단 관직에 머무르고 있어서 기량을 제대로 펼치지 못하는 인재를 좀 더 중요하고 높은 직급에 발탁하기 위함이 아니었을까.

이렇듯 과거제만이 유일하고 옳은 길이라 여겼던 풍토를 바꾸고 편견 없이 다양한 능력과 재주를 가진 인재를 등용해 국가를 발전시키려 했던 조광조, 과연 개혁가다운 모습이지?

가짜 공신을 색출하라!

그런데 중종반정에 가담한 대가로 공신(功臣, 공을 세운 신하)에 임명된 101명의 신하 중 상당수는 사실 반정에 아무런 공을 세우지 않고도 공신으로 추대되어 호의호식을 누려 왔어. 한번 공신에 추대되면 그 등급에 따라 호위병, 노비, 하인, 논밭, 은, 옷감, 말 등을 지급받았는데, 그야말로 엄청난 포상이었지. 역대 어느 때보다도 많은 공신 숫자에 국가 재정은 날로 쪼들려 갔어.

이에 조광조는 터무니없이 많은 공신 수를 지적하고, 이들을 다시 심사해서 아부와 뇌물로 공신이 된 자들의 자격을 박탈할 것을 요구했어. 이게 바로 **위훈 삭제 사건**(1519)이야. '위훈(僞勳)'이란 '거짓 공'이라는 뜻인데, 결국 이때 공신 76명의 공훈이 삭제되었어. 세우지도 않은 공을 거짓으로 꾸며서 포상을 받는 건 분명 잘못된 행동이지. 조광조는 이러한 폐단을 바로잡고 국가 재정도 살리기 위해 위훈 삭제를 주장했던 거야.

사실 공신이 된 자 중에는 권력을 쥐락펴락하는 권세가가 많았기 때문에, 조정 관료들도 눈치를 보느라 이 문제를 쉽사리 거론하지 못했어. 심지어 왕조차도 건드리기 쉽지 않은 문제였지. 그 상황에서 조광조가 단호한 목소리로 개혁을 주장했던 거야. 모두가 알면서도 눈감고 쉬쉬할 때 용기 있게 나서서 이건 아니라고, 잘못된 것이니 고쳐야 한다고 말했던 거지.

하지만 이 일로 조광조의 인생에는 큰 역풍이 불어닥치게 되었어. 위훈 삭제로 큰 손해를 입게 된 훈구파는 이를 주도한 조광조와 사림파에게 복수하기로 마음을 먹었지. 그래서 나뭇잎에다가 과일즙으로 '주초위왕(走肖爲王)'이라는 글자를 써서 벌레가 이 달콤한 부분을 파먹게 한 다음, 중종에게 그 나뭇잎을 바친 거야.

이게 어떻게 복수극이 될 수 있는지를 이해하려면 한자 조합을 알아야 해. '주(走)'와 '초(肖)' 두 글자를 합치면 '조(趙)'가 되는데, 그러니까 주초위왕(走肖爲王)을 풀이하면 '조씨가 왕이 된다'는 뜻이 되지. 조선의 왕들은 태조 이성계의 후손이기 때문에 전부 성이 이씨야. 현재의 임금인 중종도 마찬가지였지. 그런데 이씨가 아닌 조씨가 왕이 된다? 왕이 될 만한 조씨라… 누가 봐도 그 당시 가장 잘나가는 정치가였던 조광조를 먼저 떠올리지 않을까?

중종은 조광조가 반역을 꾀할 사람이 아니라는 것은 알았지만, 점점 사람들에게 신망을 얻어 가는 그를 보며 내심 불안했던 것 같아. 당시로서는 무척 급진적으로 보일 만한 그의 개혁 성향도 신경이 쓰였을 수 있겠지. 결국 중종은 훈구파의 요구에 못 이기는 척, 개혁의 동반자였던 조광조를 내치고 유배 보냈어.

많은 신하와 성균관 유생들이 상소를 올려 조광조의 무죄를 주장했지만, 중종은 입장을 굽히지 않고 급기야 조광조에게 사약까지 내렸어. 이에 따라 조광조를 따랐던 많은 사림파 선비들이 화를 입게 되었지. 이 사건이 바로 기묘년(1519)에 일어난 **기묘사화**야.

조광조가 사약을 마시기 전에 썼던 시가 한 편 있어. 이 시를 '절명시(絶命詩, 목숨을 끊을 때 지은 시)'라고 하는데, 그의 충성스러운 마음이 아주 담담한 어조로 잘 드러나 있지.

> 임금 사랑하기를 어버이 사랑하듯 했고
> 나라 걱정을 내 집 걱정하듯 했노라
> 밝은 해가 이 세상을 내려다보고 있으니
> 내 충성스러운 마음을 환히 비추리라

비록 조광조는 죽음을 맞이했지만, 그의 정신을 이어받은 사림들은 지속적으로 성장을 거듭하여 조선 후기의 **붕당 정치**를 이끌어 가게 돼. '붕당'이란 '벗 붕(朋), 무리 당(黨)'이니 '뜻을 같이하는 사람들의 무리'라는 뜻인데, 사림파 내에서도 학문의 방향과 정치적 입장에 따라 나뉜 일종의 정파라고 할 수 있어. 오늘날로 치면 국회의 정당과 비슷하다고 할까. 조선 후기에 사림파는 동인(東人)과 서인(西人)으로 나뉘어 양당을 중심으로 국정이 운영되었는데, 이를 '붕당 정치'라고 부르지.

때로는 라이벌과의 적당한 경쟁이 상대방과 나 모두의 성장으로 이어지기도 하지. 붕당 정치가 그랬어. 동인과 서인이 공존하면서 서로 비판하고 경쟁하는 가운데 국정 운영을 위한 입장을 명료하게 다

듬어 갈 수 있었지(동인은 나중에 다시 남인南人과 북인北人으로 갈라져). 그러면서 국가는 더 발전하게 되는 거야.

물론 후기로 갈수록 붕당 간의 세력 균형이 무너지고 한 당파가 권력을 독점하는 등 정치적 혼란이 생기기도 했지만, 유교를 중시하는 동아시아 사회에서 조선을 '성리학의 나라'라고 당당히 부를 수 있었던 데에는 분명 사림파의 역할이 컸다고 봐. 그리고 그 중심에 조광조가 있었던 거지.

마르틴 루터, 교황을 비판하다

"우리는 모두 살면서 크고 작은 잘못을 저지릅니다. 하지만 돈을 내면 그런 잘못에 대한 벌을 사면받을 수 있습니다. 쨍그랑거리며 금화가 쌓일 때마다 당신의 영혼은 천국과 가까워집니다."

16세기 서구 사회에서는 교회에 돈을 내고 **면벌부**라는 증서를 사면 내가 지은 죄에 대한 벌을 사면받을 수 있다는 소문이 파다하게 퍼졌어. 소문의 근원지는 교황청이었지.

동아시아에서는 오랫동안 불교와 유교가 국가와 사회 통합에 큰 영향을 미친 데 반해, 서양에서는 유일신을 섬기는 종교인 크리스트교가 절대적인 영향을 끼치고 있었어. 이 크리스트교를 관장했던 수장을 '교황'이라고 불렀는데, 한때 "교황은 해, 국왕은 달"이라는 말이 있었을 정도로 교황의 영향력은 엄청났지. 그런데 시간이 흐를수록 성직자들이 직위를 돈으로 사고파는 성직 매매가 늘어나고, 교황이 몰래 낳은 사생아를 조카로 위장해 온갖 특혜를 베푸는 등 교회의 세속화와 부패가 심각해졌어.

이러한 상황에서 교황 레오 10세가 성 베드로 성당의 건설 비용을 마련하기 위해 면벌부를 대량으로 만들어 판 거야. 청렴한 삶을 강조하는 종교계의 수장이 돈벌이에 몰두하는 모습을 보면 교회가 정말 부패했다는 느낌이 들지? 그래서 이 같은 교회의 세속화를 비판하는 목소리가 커지게 되었는데, 대표적 인물이 마르틴 루터였어.

당시 독일 비텐베르크 대학의 신학 교수였던 루터는 면벌부 판매의 부당성을 공개적으로 설파하기 위해 1517년, **<95개 조 반박문>**을 작성해 비텐베르크 대학의 교회 문에 내걸었어. 로마 가톨릭교회의 가르침을 정면으로 비판한 문서였지.

> 아무리 교황 자신이 자기 영혼을 걸고 보증한다 해도 면벌부를 통해 구원받기를 기대하는 것은 헛된 일이다.

절대적인 영향력을 자랑하던 교황을 상대로 대담하게 비난의 목소리를 낸 루터는 얼마 지나지 않아 로마 가톨릭교회로부터 이단이라며 공격당했고, 교황은 추기경을 보내 루터에게 세 가지를 명령했

바티칸에 있는 성 베드로 성당. 16세기에 교황 레오 10세는 이 성당의 건설 비용을 마련한다는 명목으로 면벌부를 대량으로 만들어 팔았고, 결국 이것이 종교개혁의 불씨가 되었다.

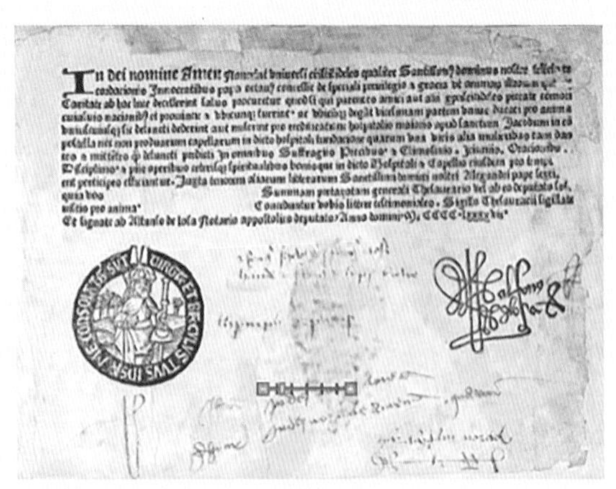
In dei nomine Amen

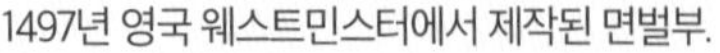
1497년 영국 웨스트민스터에서 제작된 면벌부.

어. 첫째, 루터가 자신의 실수를 뉘우치고 철회할 것, 둘째, 그 주장을 다시는 가르치지 않겠다고 약속할 것, 셋째, 교회의 평화를 깨뜨리지 않을 것.

당시에는 이단으로 지목되면 화형을 당하기 일쑤였기에 루터는 목숨을 부지하려면 '철회하겠다'는 말을 해야 했지만, 오히려 추기경에게 자기가 무얼 잘못했는지 물어보며 자신의 주장을 '철회할 수 없다'고 분명히 강조했어. 거짓으로 편안한 길을 가기보다는 성직자로서 힘들어도 진실된 길을 가겠다고 다짐한 거지.

물론 과거에도 면벌부 판매의 부당성을 주장하거나 교황과 교회의 권위를 부정한 사람들이 있었어. 대표적으로 존 위클리프(1320~1384)나 얀 후스(1372~1468)가 있지. 하지만 이들의 의견은 널리 확산되지 못했고, 둘 다 교황청에 의해서 화형을 당해. 그런데 이번에는 달랐어. 루터의 〈95개 조 반박문〉과 그가 쓴《그리스도인의 자유》라는 소책자는 빠르게 전파되면서 많은 사람의 공감과 지지를 얻게 돼. 〈95개 조 반박문〉 인쇄본이 50만 부가 팔려 나갔다고 하니, 당시 독일에서 읽고 쓸 수 있는 거의 모든 사람이 이 책을 가지고 있었다는 얘기지. 그리고 1519년 말에는 루터의 저작물이 이미 45개나 될 정도였어. 활판 인쇄술의 발달 덕분에 루터의 저작은 유럽 전역으로 퍼져 나갔어. 어쩌면 루터는 유럽 최초의 베스트셀러 작가였다고도 할 수 있지.

교회나 교황의 입장에서는 자신들의 권위에 도전하는 루터를 가 만들 수 없었겠지? 결국 루터는 교황에 의해 파문당하고, 모든 법적 보호를 박탈당하게 되었어. 크리스트교가 삶에 큰 영향을 미치던 서구 사회에서 크리스트교도의 자격을 박탈하는 파문이라는 조치는 개인이 정상적인 공동체 생활을 할 수 없게 만드는 것이었지. 심지어 1521년에는 '그 누구도 루터를 가까이하거나 호의를 베풀 수 없고, 루터를 볼 경우 신고해야 하며, 루터의 그 어떤 글이나 책을 읽거나 출판해서는 안 된다. 이를 어길 경우에는 엄벌에 처한다'는 내용의 '보름스 칙령'이 선포되어 루터를 더욱 벼랑 끝으로 내몰았어.

그런데 당시 신성 로마 제국의 선제후(황제를 선출할 선거권을 가진 영주)였던 프리드리히 3세가 그를 바르트부르크성에 숨겨 줬어. 그곳에서 루터는 성직자 등 소수의 사람만이 읽을 수 있는 라틴어 성경을 독일어로 번역하는 일에 몰두했는데, 루터가 번역한 성경은 쉽고 간결한 문장으로 되어 있었기 때문에 어린아이까지도 재미있게 읽을 수 있었지. 이 **독일어 성경**은 나온 지 두 달 만에 3,000권이나 팔렸다고 해. 그리고 당시 독일어는 지방마다 조금씩 달랐는데, 누구나 이해할 수 있도록 공통적으로 사용하는 글을 중심으로 번역을 해서 독일어의 표준화에도 영향을 주었어.

이렇게 루터는 어떤 시련에도 굴하지 않고 사람들을 향해, 영혼의 구원은 오로지 개인의 깊은 신앙심에서 시작되는 것이며 교회나 사제가 없어도 누구나 신에게 다가갈 수 있다고 설파했지. 누구나 쉽게 성서를 이해하고 해석할 수 있게 되면서, 이제 사람들은 가톨릭

마르틴 루터와 〈95개 조 반박문〉. 〈95개 조 반박문〉은 인쇄본이 무려 50만 부가 팔려 나갈 정도로 유럽 전역에 빠르게 전파되었다.

AMORE ET STVDIO ELVCIDANDAE ueritatis hæc subscripta disputabunt Vuittenbergæ, Præsidēte R. P. Martino Luther, Artiū & S. Theologiæ Magistro, eiusdemq; ibidem lectore Ordinario. Quare petit ut qui non possunt uerbis præsentes nobiscum disceptare, agant id literis absentes. In nomine domini nostri Iesu Christi. Amen.

i Ominus & Magister noster Iesus Christus, dicendo pœnitentiā agite &c. omnem uitam fidelium, pœnitentiam esse uoluit.

ij Quod uerbū pœnitentia de pœnitentia sacramentali (i. confessionis & satisfactionis quæ sacerdotum ministerio celebratur) non potest intelligi.

iij Non tamen solā intēdit interiorē; immo interior nulla est, nisi foris operetur uarias carnis mortificationes.

iiij Manet itaq; pœna donec manet odium sui (i. pœnitentia uera intus) scilicet usq; ad introitum regni cælorum.

v Papa non uult nec potest, ullas pœnas remittere; præter eas, quas arbitrio uel suo uel canonum imposuit.

vj Papa nō potest remittere ullam culpā, nisi declarādo & approbando remissam a deo. Aut certe remittēdo casus reseruatos sibi, quibus contēptis culpa prorsus remaneret.

vij Nulli prorsus remittit deus culpam, quin simul eum subijciat humiliatum in omnibus sacerdoti suo uicario.

viij Canones pœnitentiales solū uiuentibus sunt impositi; nihilq; morituris, secundū eosdem debet imponi.

ix Inde bene nobis facit spiritussanctus in Papa; excipiēdo in suis decretis semper articulum mortis & necessitatis.

x Indocte & male faciūt sacerdotes ij, qui morituris pœnitētias canonicas in purgatorium reseruant.

xj Zizania illa de mutanda pœna Canonica in pœnā purgatorij, uidentur certe dormientibus Episcopis seminata.

xij Olim pœnæ canonicæ nō post, sed ante absolutionem imponebantur, tanq; tentamenta ueræ contritionis.

DISPVTATIO DE VIRTVTE INDVLGEN.

xiij Morituri, per mortem omnia soluunt, & legibus canonū mortui iam sunt, habentes iure earū relaxationem.

xiiij Imperfecta sanitas seu charitas morituri, necessario secum fert magnū timorem, tātoq; maiorē, quāto minor fuerit ipsa.

xv Hic timor & horror, satis est, se solo (ut alia taceam) facere pœnam purgatorij, cum sit proximus desperationis horrori.

xvj Videntur, infernus, purgatorium, cælum differre; sicut desperatio, prope desperatio, securitas differunt.

xvij Necessarium uidetur animabus in purgatorio sicut minui horrorem, ita augeri charitatem.

xviij Nec probatū uidetur ullis, aut rationibus, aut scripturis, q; sint extra statum meriti seu augendæ charitatis.

xix Nec hoc probatū esse uidetur, q; sint de sua beatitudine certæ & securæ, saltem oēs, licet nos certissimi simus.

xx Igit Papa per remissionē plenariā omniū pœnarū, non simpliciter omniū intelligit, sed a seipo tātūmodo impositarū.

xxj Errant itaq; indulgentiarū prædicatores ij, qui dicunt per Papæ indulgentias, hominē ab omni pœna solui & saluari.

xxij Quia nullam remittit animabus in purgatorio, quā in hac uita debuissent secundum Canones soluere.

xxiij Si remissio ulla omniū omnino pœnarū pōt alicui dari; certū est eam nō nisi perfectissimis, i. paucissimis dari.

xxiiij Falli ob id necesse est, maiorem partē populi; per indifferentē illam & magnificam pœnæ solutæ promissionem.

xxv Qualē potestatē habet Papa i purgatoriū gūaliter talē habet qlibet Episcopus & curat' in sua diocesi, & parochia spāliter.

j Optime facit Papa, q; nō potestate clauis (quā nullam habet) sed per modum suffragij, dat animabus remissionem.

ij Hominē prædicant, qui statim, ut iactus nūmus in cistam tinnierit, euolare dicunt animam.

iij Certū est nūmo in cistam tinniente, augeri quæstum & auariciam posse; suffragiū aūt ecclesiæ est in arbitrio dei solius.

iiij Quis scit si omnes animæ in purgatorio uelint redimi, sicut de sancto Seuerino & paschali factum narratur?

v Nullus securus est de ueritate suæ contritionis; multo minus

a ij

교회의 권위를 부정하기 시작했어.

유럽에 큰 변화를 일으킨 종교개혁의 물결

루터는 어렸을 때부터 독실한 로마 가톨릭 신자였고, 열정이 넘치는 수도사였어. 그는 신께 조금 더 가까이 다가갈 수 있기를, 그리하여 두려움과 죄에서 자유로워질 수 있기를 간절히 원하면서 누구보다 열심히 공부하고 수행했지. 하지만 그로서도 교회와 교황을 향해 '바른말'을 하는 게 쉬운 일은 아니었을 거야. 그럼에도 불구하고 그는 잘못된 점이 있다면 바로잡고, 많은 사람이 신의 은총을 받을 수 있도록 진실된 믿음을 가지게 도와주는 것이 교회와 성직자가 해야 할 역할이라 믿고 용기 있게 목소리를 내었던 거야.

루터가 반박문을 쓴 지 40년이 지난 1555년, 루터파 교회는 드디어 가톨릭교회와 동등한 종교로서 인정을 받게 돼. 이제 각 지방의 봉건 제후나 도시마다 신앙을 선택할 자유를 갖게 된 거야. 그렇게 루터의 〈95개 조 반박문〉으로부터 시작된 **종교개혁**의 물결은 북유럽의 스칸디나비아 지방(덴마크, 스웨덴, 노르웨이, 핀란드, 아이슬란드 등)까지 퍼져 갔고, 스위스의 종교개혁가인 츠빙글리와 칼뱅에게까지 영향을 미쳤어. 결국 하나의 크리스트교 세계가 '구교'와 '신교'로 나뉘는 결정적 계기로 작용하게 되었지.

구교(舊敎)란 이제까지 서유럽 크리스트교 세계를 대표했던 로마 가톨릭을 일컫고, **신교**(新敎)란 구교에 대항해 새로 등장한 크리스트교 종파를 가리켜. 신교 진영에는 루터파 교회, 칼뱅파 교회, 영국 국교회가 속하지.

이 구교와 신교의 대립은 '종교전쟁'으로 폭발해서 근대 유럽 사회를 크게 뒤흔들어 놓았고, 많은 선교사가 아시아 등지로 건너가 포교 활동을 적극적으로 벌이는 계기가 되기도 했어. 우리나라에서 신교는 현재 '개신교'라는 이름으로, 구교는 '천주교(가톨릭)'라는 이름으로 명맥을 이어 오고 있지.

한편 독일에서는 종교개혁이 급격하게 진행되면서 그리스도나 성모의 성상(聖像)이 철거되고, 사제들이 쫓겨나는가 하면, 귀족과 교회의 횡포에 짓눌려 살던 농민들이 폭동을 일으키기도 했어. 당시 독일 농민들은 **농노제**에 얽매여 영주에게 무거운 세금을 바치고 있었는데, 루터의 개혁 정신에 영향을 받아 곳곳에서 영주에게 반항하는 운동을 일으킨 거야. 이는 농민전쟁이라는 유혈 사태로까지 확대되었지. 농민들에게 루터가 폭력은 정당화될 수

농노제 [농사 농(農), 종 노(奴)]

중세 유럽에서 봉건제가 시행되면서 주군과 봉신 간에 계약을 바탕으로 주종 관계가 형성되었다. 주군은 봉신들로부터 군사적 보호를 받는 대신 봉신에게 땅을 하사했다. 이를 '장원'이라 불렀고, 봉신은 영주로서 장원을 다스렸다. 장원 내에서 영주를 위해 농토를 경작하고 부역을 제공하는 농민들을 '농노'라고 불렀는데, 이들은 거주 이전의 자유가 없었기에 영주의 허락 없이는 평생 장원을 떠날 수 없었다.

없으니 파괴 행위를 멈추고 평화롭게 행동하라고 호소할 정도였어.

이렇듯 루터의 개혁 정신과 용기 있는 행동에서 비롯된 종교개혁은 유럽 전체를 엄청나게 변화시켜 나갔어. 그동안 로마 가톨릭을 대표하는 교황의 절대적 권위에 사로잡혀 있던 사람들이 점점 개인의 선택에 따라 신앙 생활을 하는 등 종교적으로 자유로운 분위기가 형성되기 시작한 거야. 또 엄격한 형식이나 의식에 치중하기보다, 교리의 본질을 따르기 위해 열심히 성경을 공부하고 성경 말씀을 생활 속에서 실천해 나가기 시작했어.

조광조와 마르틴 루터, 확고한 신념을 가진 개혁가들

1517년, 같은 해에 독일에서는 마르틴 루터가 〈95개 조 반박문〉을 내걸며 종교개혁의 시작을 알렸고, 조선에서는 조광조가 여러 급진적 개혁을 추진했어.

루터는 열정적인 신학자로서, 정직하고 성실한 마음으로 신앙 생활을 하다 보면 신이 구원의 은총을 베풀 것이라 굳게 믿고 성경을 바탕으로 신앙심을 가져야 한다고 강조했지. 또한 그는 성직자라고 해서 특별한 권위가 있는 것은 아니라면서, 모든 신도가 성직자이며 신에게 다가갈 수 있다고 주장했어.

조광조는 유망했던 성리학자답게, 유교(성리학)를 국가의 근본 사상으로 삼고 덕에 의한 통치를 실현하기 위해서는 왕도 신하들과 함께 토의·토론하며 끊임없이 공부해야 하고, 백성들도 향약이나《소학(小學)》공부를 통해 유교적 가르침을 일상생활에서 실천해야 한다고 강조했지.《소학》은 유교 경전들에서 아이들이 반드시 배워야 할 내용을 뽑아 엮은 책인데, 글을 배우는 것보다 인간이 되는 것이 우선이라는 가르침을 담고 있어. 사림파는 '인간의 도리와 의리'를 배워야만 공동체 생활과 살아가는 데 필요한 기본 소양을 갖출 수 있다고 보았기에《소학》공부를 중요시했거든.

이렇듯 루터와 조광조는 서로 믿는 종교나 사상은 달랐지만, 자신만의 확고한 신념을 바탕으로 사람들이 나아가야 할 이상적인 방향을 제시했던 거야. 눈과 귀를 가린 맹목적인 믿음만을 고집하거나 수동적으로 체제에 순응하는 사람들이 많을 때 사회는 뒤로 후퇴하기 쉽고, 합리적이고 비판적인 시각을 가진 사람들이 많아질 때 사회는 앞으로 진보할 수 있어. 그런 점에서 조광조와 마르틴 루터는 당대에 커다란 진보의 발걸음을 내디뎠던 개혁가들이 아니었을까?

1670
경신 대기근 & 스텐카 라진의 봉기

17세기 위기론, 기후 위기와 인류의 재난

1593계사년~**1594**갑오년
계갑 대기근

1618
유럽, 30년 전쟁 발발

1627
명, 이자성의 난

1636
병자호란

1642
영국, 청교도 혁명

1648
프랑스, 프롱드의 난

1659
현종 즉위

1670경술년~**1671**신해년
경신 대기근

1670
러시아, 스텐카 라진의 봉기

1674
숙종 즉위

1688
영국, 명예혁명

1695을해년~**1699**기묘년
을병 대기근

"4월 9일, (네 번째 기우제 이후) 비가 너무 오지 않아 파종을 할 수 없는 지경이다."

"7월 11일, 평안도에 큰비가 내려 곡식이 손상되었고 함경도에서는 메뚜기 떼가 들판에 퍼져 곡식을 빨아먹는다는 보고가 올라왔다."

_《현종실록》, 현종 11년(1670)

'천재지변'이란 말을 들어 본 적이 있을 거야. '하늘이 노하여 재앙이 온 것'이라 말하기도 하지. 가뭄, 홍수, 태풍, 지진 등 인간의 힘으로는 막을 방도가 없는 재난이기에 그저 하늘을 원망하기만 했어. 하지만 과연 인간은 아무런 잘못이 없었던 것일까?

영국 역사상 최악의 추위가 닥친 1683~1684년 템스강의 겨울 축제 풍경(토머스 와이크 작품).

영국 런던은 서안 해양성 기후라서 한겨울에도 기온이 영하로 내려가지 않는 곳이야. 그런데 1683년에 런던을 가로지르던 템스강이 얼어 버렸어. 당시 템스강은 약 두 달이나 얼어 있었다고 하는데, 런던 사람들에게 갑작스러운 추위는 그저 이상 기후로만 받아들여졌을까? 혹여 신의 저주라고 생각하진 않았을까?

08

1670년에 무슨 일이?

1670년은 동양에서 연도를 표현하는 간지(干支)로 치면 경술년으로, 조선의 제18대 왕 현종이 즉위한 지 11년 되는 해야. 현종은 조선 역사에서 그다지 눈에 띄는 왕은 아니었어. 아버지 봉림대군(훗날의 효종)이 **병자호란**(1636) 이후 청에 인질로 가 있던 시절에 태어났고, 15년 정도 재위한 평범한 왕이었지.

물론 현종 시기에 일어난 두 차례의 **예송 논쟁**은 조선 후기 붕당 정치의 모습을 상징적으로 보여 주는 사례로 교과서

동양의 연도 표기법, '간지'

10간(干)과 12지(支)를 합쳐 이르는 말. 10간은 '갑, 을, 병, 정, 무, 기, 경, 신, 임, 계'이며, 12지는 '자, 축, 인, 묘, 진, 사, 오, 미, 신, 유, 술, 해'이다. 10간과 12지를 조합하면 60가지 쌍이 나오는데, 그래서 흔히 '육십갑자'라고도 한다. 연도를 표기할 때는 10간과 12지 하나씩을 순서대로 짝짓는다. 이를테면 갑자년, 을축년, 병인년, 정묘년, 무진년, 기사년, 경오년, 신미년, 임신년, 계유년, 갑술년, 을해년… 하는 식이다. 따라서 60년마다 같은 간지가 돌아오게 된다.

에 실려 있기도 하지만, 그것은 어디까지나 '그들만의 리그'일 뿐 백성의 삶과는 별 관련이 없었기에 당시 사람들이 어떻게 살고 있었는지는 잘 알려져 있지 않아. 그런데 조선왕조실록을 보면 당시에는 기상 이변이 유난히 자주 발생했어.

예송 [예도 례(禮), 논쟁할 송(訟)]

조선 현종 시기에 일어난 왕실 예절을 둘러싼 논쟁으로, 왕과 왕비의 장례에 상복을 얼마 동안 입어야 하는가를 두고 남인과 서인 간에 격렬한 논쟁이 벌어졌다. 표면적으로는 예법을 문제로 삼았지만 사실상 세력 다툼에 가까웠다. 원래 예송은 율곡학파인 서인과 퇴계학파인 남인이 예(禮)를 통해 이상 사회를 건설한다는 명분을 앞세운 성리학의 이념 논쟁이었지만, 점차 본질이 훼손되고 붕당 정치라는 오점만 남기고 말았다. 1차 예송(1659)에서는 서인이 승리했으나(남인인 윤선도 유배), 2차 예송(1673)에서는 남인이 정권을 잡았다(서인인 송시열 유배).

'3월 25일, 평안도에 서리가 내렸다.'

'4월 6일, 경기도에 우박이 내려 밀과 보리가 피해를 입었다.'

'5월 10일, 여덟 번째 기우제에 대신을 보내 지내게 하라.'

'5월 23일, 이날에 비로소 큰비가 내렸으나 절기가 이미 늦어 결국 큰 흉년이 들었다.'

'6월 8일, 경상도에 참혹한 홍수가 졌다는 보고가 올라왔다.'

'6월 20일, 경기도에 큰물이 졌다는 보고가 올라왔다. 비가 너무 쏟아져서 기청제를 지낼 것을 명했다.'

'8월 27일, 전라도 화순에서 9세 아이가 큰바람에 떨어져 죽었으며, 변산의 금송(禁松) 수백 그루가 모두 뽑혀 나갔고, 장흥에서는 해산물을 채취하러 바다에 나간 12명이 바다에 빠져 죽었다.'

연초부터 해의 둘레에 둥그렇게 빛깔 있는 테두리(햇무리)가 나타나는 등 불길한 징조로 보이는 현상이 잇따랐어. 2월부터 우박, 서리, 가뭄, 홍수 등 그야말로 온갖 천재지변이 전국 곳곳에서 터지기 시작했지. 심지어 네 살짜리 아이와 가축들이 돌멩이만 한 우박에 맞아 사망하는 일도 일어났다고 해.

파종기(씨앗을 뿌리는 시기)의 가뭄은 1년 농사를 망치게 하고 식량 부족을 예고하는 신호탄이었어. 4월까지 가뭄으로 속 썩이던 하늘이 5월부터는 반대로 집중호우로 물난리를 겪게 하는가 싶더니, 메뚜기 같은 해충마저 창궐하면서 백성들의 고통은 이중삼중으로 증가했지. 기상 이변은 전염병의 발생을 부추겼고 가축들이 집단 폐사하는 등 대기근의 조짐도 나타났어. 게다가 8월 이후에는 태풍이 여섯 차례 한반도를 휩쓸며 강산을 쑥대밭으로 만들어 버렸지. 정말 '하늘도 무심하지'라는 말이 절로 나올 정도였어.

대개는 흉년이 들어도 지역마다 차이가 있어서 한쪽에서는 기근이 들어도 다른 지역에서 생산한 작물로 보완했는데, 1670년(경술년) 그해에는 조선 팔도 전체가 흉작이었던 거야. 연초부터 냉해가 심해서 밀과 보리 농사가 흉작이 되는 바람에 4월부터 굶주리는 사람이 나타났는데, 7월부터는 굶어 죽는 이가 발생하기 시작해서 8월에는 급속도로 그 수가 늘어났어. 더 큰 문제는 경술년의 고통이 한 해로 끝나지 않았다는 거지.

가혹한 재앙,
경신 대기근

이듬해인 신해년에는 사정이 더 나빠졌어. 혹독한 추위를 견디며 간신히 겨울을 나기는 했지만 굶어 죽는 이는 늘어만 갔고, 거리마다 시체가 즐비할 정도였다고 해. 특히 제주도의 피해가 심각해서 제주 목사(牧使)가 목 놓아 통곡했다는 기록이 있을 만큼 지원이 절실했지. 극심한 굶주림을 오래 겪다 보니 질병에 대한 저항력이 떨어지면서 사망자는 기하급수적으로 늘어 갔어. 자식이나 부모를 버리거나 심지어 인육을 먹는 등 비참한 사건들이 실록에 기록되어 있어.

> 제주 목사 노정이 조천관에 나와 곡물을 날라 오는 배를 기다렸고 굶주린 백성도 뒤를 따랐다. 배 하나가 멀리서 가까이 오기에 급히 가서 보고 곡물을 실은 배가 아니라 노정이 통곡하면서 돌아오자 굶주린 백성도 한꺼번에 울부짖었다. 듣는 자가 모두 슬퍼하였다.
>
> -《현종실록》, 현종 12년(1671) 2월 15일
>
> "연산에 사는 사가의 여비 순례가 깊은 골짜기 속에 살면서 그의 다섯 살 된 딸과 세 살 된 아들을 죽여서 먹었는데 (…) 이른바 순례는 보기에 흉측하고 참혹하여 얼굴이나 살갗, 머리털이 조금도 사람 모양이 없고 마치 미친 귀신 같은 꼴이었다니 반드시 실성한 사람일 것

입니다." -《현종실록》, 현종 12년(1671) 3월 21일

보통의 시절이었다면 인육을 먹었다는 사실 자체만으로도 세상이 발칵 뒤집힐 만한 사건이었겠지만, 굶어 죽는 사람이 부지기수이다 보니 이런 끔찍한 일조차 사람들은 대수롭지 않게 대했다고 해. 인류 역사에서 대기근이 나타난 시기마다 심심치 않게 식인(食人)의 사례가 있다고 하지만, 인간의 가치에 대해 근원적인 질문을 다시 해 볼 만큼 씁쓸하고 가혹한 현실이었던 거지.

이렇게 경술년과 신해년 두 해 동안 지속된 대기근을 연도의 앞 글자를 따서 **경신 대기근**이라 불러. 대기근으로 인해 먹을 것이 절대적으로 부족해지자 일반 백성은 말할 것도 없고 부유한 계층도 많이 사망했는데, 1671년 12월의 보고에 따르면 사망자가 총 100만 명에 이르렀다고 해. 당시 인구가 호적에 등록된 516만 명에다가 누락된 인원까지 합쳐 약 1,000만 명 정도라고 추정해 보면, 인구의 10분의 1이 사망할 정도로 엄청난 피해를 입었음을 알 수 있어. 물론 사망자 수 또한 추정치이거나 과장된 보고일 수도 있겠지. 하지만 일반적인 흉년으로 사망하는 인원이 아무리 많아도 1만 명이 넘지 않았던 것과 비교해 보면 가히 재앙이었다고 할 수 있어. 오죽하면 임진왜란 때의 피해보다 더 심했다는 기록이 있을 정도니까.

국가적 재난 상황일 정도로 기근이 심해지자 정부는 소의 도축을 일시적으로 허용하기도 했어. 원래 소는 농사에 필요한 가축이기에

식용 도축을 제한했는데 이제 그런 사정을 따질 상황이 아니었던 거지. 그 와중에 전염병에 걸린 소를 먹고 감염되는 등 부작용이 나타나기도 했어. 정부는 1671년 1월, 한양에 긴급 구제 기관인 진휼소(지금의 공공 보건소와 비슷한 기관)를 설치해 대응했지만, 전염병에 감염된 사람들이 몰리는 바람에 오히려 도성 안에 전염병이 퍼져서 왕실의 공주가 사망하기도 했어. 또 정부는 군량미 등 비상 상황에 대비했던 식량을 나눠 주었으나 이마저도 부족하다 보니, 최대한 적은 양으로 많이 먹을 수 있도록 죽을 쑤었다고 해. 하지만 이 죽도 못 먹어 한탄하며 나온 말이 '국물도 없다'라는 말인 거야.

이렇게 경신 대기근이 어마어마한 인명 피해를 가져다주었지만, 사실 우리 역사에서 대기근은 이때만이 아니었어. 임진왜란 시기에 발생한 **계갑 대기근**(1593~1594)도 있고, 경신 대기근 후 25년이 지나 발생한 **을병 대기근**(1695~1699)도 있지. 특히 을병 대기근의 경우 경신 대기근을 능가할 만큼 엄청난 피해를 입었는데, 경신 대기근의 후유증이 채 가시지 않은 상태에서 대기근이 또 찾아와 피해가 더 컸다고 해.

소(小)빙하기의 17세기 세계

1670년의 기상 이변은 이전에 겪어 보지 못한 대재앙이었어. 그런데 이 시기에 세계 다른 지역에서도 예사롭지 않은 현상이 나타났어. 한겨울에도 기온이 영하로 내려가는 일이 없던 영국 런던도 1654년과 1677년에는 템스강이 얼어서 그림으로 남겨지기도 했으며, 북아메리카 지역의 바다도 한 달 동안 얼어 있었어. 1654년에는 기후가 온난한 중국 강남 지방의 태호와 황포강이 꽁꽁 얼었고, 아열대 과일인 감귤이 얼어붙었다는 기록도 있지.

과학적 통계와 수치가 정확하게 기록되었던 시대가 아닌지라 원인을 밝혀내기가 쉽지는 않지만, 당시의 기상 이변을 역사학자와 과학자들은 **소(小)빙하기론**으로 설명하기도 해. 13세기 초부터 17세기 후반까지 추운 기후가 전 세계적으로 영향을 미쳤다는 주장인데, 특히 17세기는 지구의 기온이 1.5~2도가량 떨어지면서 이상 기후가 나타났다고 해. 그래서 농작물 생산에 차질이 생겨 식량이 부족해지는 동시에, 전 세계 곳곳에서 전염병이 발생하거나 전쟁과 봉기, 물리적 충돌이 자주 일어났다는 거지.

이를테면 유럽에서 구교와 신교의 종교 갈등으로 벌어진 **30년 전쟁**(1618~1648), 1630~1640년대의 대기근으로 농민들이 들고일어나 결국 명나라 멸망의 도화선이 된 **이자성의 난**, 영국에서 절대 군주 체

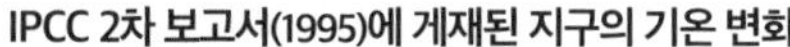
IPCC 2차 보고서(1995)에 게재된 지구의 기온 변화

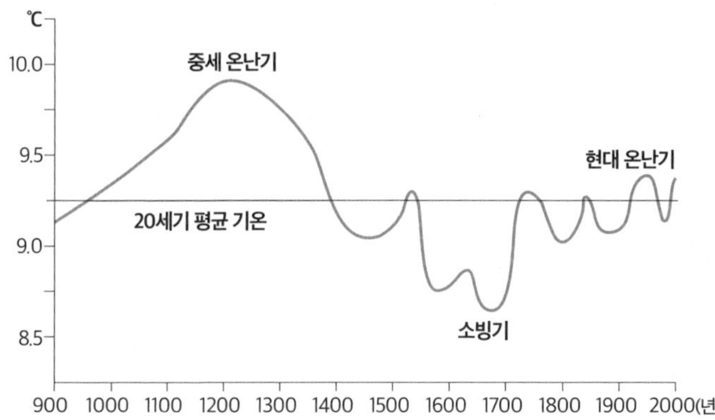

'기후 변화에 관한 정부간 협의체(Intergovernmental Panel on Climate Change)', 즉 IPCC는 유엔 산하의 세계기상기구(WMO)와 유엔환경계획(UNEP)이 1988년에 설립한 단체다. 인간 활동으로 빚어지는 기후 변화의 위험을 평가하는 일을 하며, 2007년 미국의 앨 고어 전 부통령과 함께 노벨 평화상을 받았다.

제에 저항하여 일어난 **청교도 혁명**(1642~1649)과 **명예혁명**(1688), 러시아의 농민 반란인 **스텐카 라진의 난**(1670~1671), 오스만 제국의 각종 내부 반란 등이 속출했지. 이렇게 전 지구적 위기가 왔다고 하여 이를 **17세기 위기론**이라고 부르기도 해.

17세기 위기론은 1970년대부터 서구 역사학자들이 '소빙하기론'을 적극 도입하면서 활발하게 연구되었어. 물론 소빙하기의 시작과 끝이 언제인지, 당시의 기후 데이터가 믿을 만한지 등을 놓고 의견이 갈리는가 하면, 중국과 한국 등 아시아 역사는 충분히 연구되지 못한 상황이라 아직까지는 하나의 주장 정도로 여겨지지만 말이야.

아무튼 이렇게 전 세계적으로 장기간 지속된 저온 현상으로 인해 우리의 난방 방식도 바뀌게 되었어. 전통적인 화로 난방으로는 더 이상 추위를 감당하기 어려워지자, 자연스럽게 **온돌**방이 더욱 빨리 보급된 거지. 그래서 조선 후기에는 왕이 거처하는 궁궐부터 백성의 허름한 초가삼간에 이르기까지, 전국적으로 온돌이 대중화되기 시작했어.

하지만 작용이 있으면 반작용도 있는 법. 온돌의 대중화는 또 다른 부작용을 가져왔지. 한반도는 산이 많아 지금도 전 국토의 절반 가까이가 숲일 정도로 산림 자원이 풍부한데, 난방용 땔감으로 쓰려고 나무를 마구잡이로 베면서 숲이 점차 황폐해지기 시작한 거야. 그래서 19세기에는 '민둥산'이란 말이 나올 만큼 벌목으로 인한 피해가 심했지.

러시아의 녹두 장군, 스텐카 라진의 봉기

한반도에서 기상 이변으로 난리통을 겪던 1670년, 러시아에서도 역사상 최대의 농민 봉기가 일어났어. 러시아 남부 카자크족의 수장인 **스텐카 라진**이 주도했다고 해서 '스텐카 라진의 봉기'라고 하지. 농노제 아래서 지주와 관리의 수탈에 못 이긴 하층민들이 대규모로 들고일어난 거야.

1670년 러시아의 농민 봉기를 주도한 스텐카 라진.

지금도 스텐카 라진에 대한 러시아 사람들의 기억은 민요로 전해지고 있어. 우리 역사에서 동학농민운동(1894)을 이끌었던 전봉준 장군이 〈새야 새야 파랑새야〉라는 전래 민요로 기억되는 것처럼 말이야. 러시아 민요 〈스텐카 라진〉은 세상의 억압에 저항하는 민중의 노래로 널리 인식되어, 우리나라에서도 일제강점기 독립군 사이에서 많이 알려졌다고 해. 또 1970~1980년대에는 민주화운동이 한창이던 우리나라 대학가에서 민중가요로 널리 불리기도 했지.

동학농민운동이 어느 날 갑작스럽게 일어난 농민 봉기가 아니듯이, 스텐카 라진의 봉기 역시 우발적인 사건은 아니었어. 앞서 '17세기 위기론'에서 보았던 현상들이 여기서도 모두 나타났지. 당시 러시아는 식량 부족과 물가 상승 등으로 이미 1650년에 프스코프와 노브고로드에서 농민 봉기가 일어났고, 위생 상태도 점점 나빠져서 흑사병이 확산되는 등 사회 전체가 우울한 환경에 놓여 있었어. 관리의 부정부패는 끊이지 않았고, 모스크바를 비롯해 주요 지역에서는 계속 폭동이 일어나고 있었지.

워낙에 정부와 지배층에 대한 불만이 팽배했던 시기였던지라, 많은 농노들이 자발적으로 스텐카 라진의 반란군에 가담했어. 그러다 보니 처음 봉기할 때만 해도 썩 강력하지 못했던 스텐카 라진 군대는 병력이 열 배나 늘어났다고 해. 당시 제정 러시아를 압박할 정도로 엄청난 기세를 보인 거지. 하지만 결국 러시아 군대의 화력에 밀린 끝에 스텐카 라진은 이듬해인 1671년, 부하의 배신으로 잡혀가 모스크바 광장에서 처형당했어.

역사를 살펴보면 나라가 망할 때 흔히 나타나는 '3종 세트'가 있어. 지배층의 부정부패, 피지배층의 봉기, 그리고 자연재해야. 물론 이 세 가지 현상이 나타난다고 해서 나라가 반드시 망하는 건 아니지만, 사회에 미치는 타격은 엄청나서 오랜 기간 고통을 겪을 수밖에 없지. 농민들처럼 체제에 순응적인 사람들이 반란을 일으켰다는 건 더 이상 물러설 수 없는 막다른 상황임을 보여 주는 거야. 거기다가 엎친 데 덮친 격으로 자연재해까지 들이닥치면 더 이상 손쓸 방도가 없는 지경에 이르고 말지.

자연재해는 인간의 삶을 피폐하게 만들기도 하지만 어쩌면 새로운 질서를 만들라는 신의 계시가 아닐까 싶기도 해. 스텐카 라진의 봉기처럼 소빙하기에 발생한 농민 봉기가 결국 새로운 사회로 '리셋'을 시도할 기회가 된 것은 아니었을까? 한반도와 러시아에선 그런 움직임으로 이어지진 않았지만, 실제로 영국에서는 얼마 지나지 않아 명예혁명(1688)과 같은 시민혁명이 일어났고, 결국 근대 국가로 이행하는 새로운 전환점이 되었어. 영국에서 나타난 움직임이 미국으로(**1776년 독립혁명**), 프랑스로(**1789년 프랑스 혁명**) 퍼져 나가면서 민주 국가의 탄생으로 이어진 거지.

하늘이 수상해! 무엇을 할 것인가?

2021년 1월, 사우디아라비아 사막에 폭설이 내렸다는 신문 기사와 함께 한 장의 사진이 실렸어. 눈 쌓인 낙타의 등은 누가 봐도 생소했지. 얼핏 보면 합성 사진으로 착각할 정도였거든.

놀랍게도 사막에 눈이 내린 건 이번이 처음은 아니었다는 거야. 동아시아에 사는 우리에게는 잘 알려지지 않았지만, 이미 2016년과 2019년에도 사하라 사막에 눈이 내려서 전 세계적인 기상 이변의 사례로 소개됐다고 해. 원래 이 지역은 1년 중 가장 추운 시기에도 기온이 영상 10도가 넘는 곳이라 0도 이하로 내려간 적이 거의 없었다고 하는데, 이때는 영하 2도까지 기온이 내려갔다는 거야.

또 2022년 2월, 미국 남부 텍사스주의 수도 오스틴에서는 갑작스러운 한파로 전기와 난방, 수돗물까지 끊기는 사태가 발생했어. 텍사

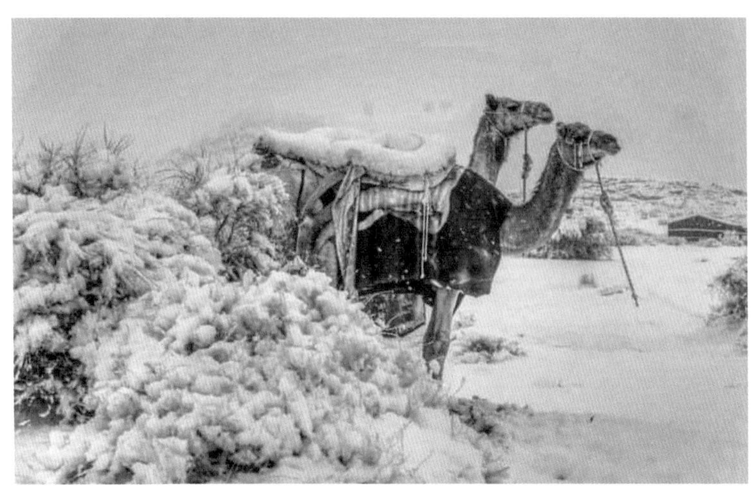

눈 쌓인 사막의 낙타.

스 지역은 한겨울에도 영상 5도 이하로 잘 떨어지지 않는 곳이라 사람들에겐 살기 좋은 동네로 정평이 난 곳이야. 그런데 그런 곳에서 기상 이변으로 영하 20도의 한파가 찾아왔던 거야. 2021년 여름에는 캐나다 서부 지역에 연일 49도를 넘는 폭염이 이어져서 150건이 넘는 산불이 일어났다고 해. 우리나라도 2020년 여름에 50일이 넘는 장마와 집중호우로 큰 피해를 입었고, 2024년에는 40일 넘게 열대야가 이어져서 9월 하순까지 에어컨을 틀고 생활할 정도였지.

이렇게 사람이 살기 어려운 사하라 사막부터 가장 살기 좋다는 텍사스까지, 기상 이변으로 지구상 모든 곳이 '수상한' 사태를 겪고 있는 거야.

전 세계적인 코로나19의 유행은 수그러드는 모양새이지만 언제 다시 확산될지 장담하기 어려운 시대가 왔어. 인류는 그 어느 때보다도 신속하게 대응해 백신을 개발하고 감염병을 막고자 최선을 다하고 있지만, 변이 바이러스는 계속 나타나고 있는 실정이지. 세계 최고의 과학자들이 감염병의 원인을 연구하고 저마다 다양한 이유를 말하고 있지만, 기상 이변과 감염병이 연관이 있다는 걸 누구도 부정하지 않고 있어. 기후 위기는 정말 인류의 종말을 예고하는 것일까?

17세기의 위기가 모두 기상 이변 때문에 나타났다고 할 수는 없지만, 대항해 시대를 거쳐 인간의 탐욕이 지구 곳곳으로 뻗어 나가면서 자연의 섭리를 거스르고 있는 건 아닌지 다시금 생각해 봐야 하지 않을까. 인류는 과학기술을 동원해 지구의 주인공으로 서려는 욕심을 점점 더 강하게 내보이고 있어. 하늘의 경고에도 아랑곳없이, 개발과 성장이라는 달콤한 유혹에서 여전히 헤어 나오지 못하고 있지.

21세기 전 지구적 재앙으로 역사에 남을 코로나19 유행은 마치 '17세기 위기론'의 재림처럼 보이기도 해. 사하라와 텍사스에서 나타난 이상 현상이 비단 그곳만의 문제가 아님을 알면서도 인류는 여전히 기술 혁신을 통해 극복할 수 있다는 자기 최면에 빠져 있는 건 아닌지 되묻고 싶어.

지구가 보낸 두 번째 경고마저 진지하게 받아들이지 않는다면 인류의 미래는 과연 어떻게 될까? 인류는 22세기를 맞이할 수 있을까? 17세기에는 그나마 '저항'을 통해 인간의 삶을 개선하려 노력하기도 했지만, 21세기의 우리는 과연 인류의 공존을 위해 노력하고 있을까?

1760

이익의《성호사설》&
디드로의《백과전서》
(1751-1772)

지식을 모은 사람들, 실학파와 백과전서파

1614

이수광,
《지봉유설》편찬

1751

디드로와 달랑베르,
《백과전서》편찬

1760

이익,
《성호사설》편찬

1772

디드로,《백과전서》
마지막 증보판 편찬

1789

프랑스 혁명 발발

1793

이덕무 사망
(사후에《청장관전서》
편찬)

“성인은 훌륭한 말을 들으면 ‘기록해 두어라’ 하였으니, 이 말은 자신이 혹 잊어버릴까 두려워하는 것이 아니라, 기록한 말에 힘입어 깨닫기 위함이다.”

_ 이익, 《성호사설》

“백과전서의 목적은 지상에 흩어져 있는 지식을 집대성하는 것이다. 그럼으로써 앞 세대의 업적이 후세대에게 무용지물이 되지 않게 하고, 우리 자손이 더 많은 지식과 미덕을 갖추어 더 행복해지도록 하는 것이다.”

_ 디드로, 《백과전서》

비슷한 시대에 기록과 지식의 중요성을 강조한 두 사람, 그들은 왜 기록해야만 했을까?

09

조선의 백과사전들

지식을 후대에 전달하려면 무엇이 필요할까? 문자, 그리고 잘 정리된 책일 거야. 그중에서도 특히 방대한 지식을 모아 놓은 백과사전 같은 책을 빼놓을 수 없겠지. 그렇다면 우리나라에서 백과사전은 언제 본격적으로 등장하기 시작했을까?

우리나라 최초의 백과사전은 《대동운부군옥》이야. 1589년에 권문해라는 학자가 원나라의 백과사전 《운부군옥》을 본떠 만든 책이지. 다만 이 책은 완성하고도 임진왜란 때문에 출판하지 못했어. 그래서 19세기가 되어서야 세상의 빛을 보게 되었지.

중국은 당시 우리의 세계관 안에서는 선진 국가였어. 그래서 조선 시대까지 중국의 책을 그대로 받아다가 백과사전처럼 사용했지. 그러나 임진왜란 이후에 조선 사회가 많이 변하면서 우리 상황에 맞는 지식을 정리할 필요가 생겼어. 그래서 편찬하게 된 책이 《동국문헌비고》(1770)야. 또 1894년에도 갑오개혁으로 너무나 많은 변화를 경험하자, 이를 반영하고자 《증보문헌비고》도 편찬했지. 이런 백과사전들은 나라에서 왕의 명령으로 편찬한 것으로, 사회의 큰 변화상을 정리하려는 목적에서 만든 책이라고 할 수 있지.

개인이 만든 백과사전도 있어. 조선 중기 이후에는 주로 실학자들이 자신의 개혁 사상을 담아 원래 존재했던 지식을 항목별로 재분류하고 평가해서 책을 편찬했어. 이러한 책들을 통틀어 **유서**(類書)라고 하는데, 이 분야의 선구자라 할 수 있는 사람이 실학자로 유명한 지봉 **이수광**(1563~1628)이야. 이수광은 자신의 호를 따서 **《지봉유설》**(1614)이라는 책을 편찬했지.

이수광이 왜 책을 편찬하게 되었는지 이야기하기 전에, 먼저 **실학**에 대해 알아야 할 필요가 있을 것 같아. '실학(實學)'이란 '실생활에 도움이 되는 실용적인 학문'이라는 뜻이야. 조선시대에 가장 권위 있던 학문은 성리학이었어. 그런데 성리학은 중국과의 의리라든가 명분이나 의례에 너무 치중해서 백성의 실생활에 크게 도움이 되지 않았지. 이를 비판하며 등장했던 것이 실학이야.

실학은 다음과 같은 공부의 마음가짐을 강조했어. 첫째, 공부는 세상을 다스리는 데 진짜 이익이 되어야 한다. 둘째, 공부는 백성의 삶을 풍요롭게 만들어야 한다. 셋째, 사실에 입각해서 진리를 탐구해야 한다. 이수광 외에 다른 실학자들도 비슷한 이야기를 하니까 꼭 기억해 두면 좋을 것 같아.

이수광이 살던 시기는 나라가 임진왜란으로 휘청이던 때였어. 안 그래도 조선은 명나라를 사대(事大, 큰 나라를 섬김)하는 나라인데, 조-명 연합군을 결성해 임진왜란을 함께 이겨 냈으니 명나라에 갈 일이 더 많았겠지? 이수광은 뛰어난 문장력을 인정받아 명나라에 사신으로 자주 파견되어 외교에서 큰 역할을 했어. 그러면서 문물을 보는 눈을 키웠지.

그런 이수광이 정치로부터 등을 돌리게 만든 사건이 발생해. 광해군이 배다른 동생인 영창대군을 죽인 사건이야. 광해군의 아버지 선조는 다음 왕이 될 세자를 세울 때 고민을 많이 했다고 해. 후궁에게서 태어난 서자이지만 임진왜란 때 활약한 광해군인가, 아니면 아직 갓난아기이지만 왕비에게서 태어난 영창대군인가! 결국 광해군이 세자로 책봉되고 이후 왕이 되었지. 그렇지만 광해군 입장에서는 영창대군이 여전히 부담스러운 존재였어. 그래서 영창대군을 왕으로 세우려는 음모를 꾸몄다는 이유로 서인과 남인 세력을 쫓아내고 영창대군을 죽였지.

이 일로 이수광은 조정을 떠나기로 마음먹고, 그 뒤에는 자신이 보고 듣고 경험한 것을 바탕으로 글 쓰는 일에 집중했어. 그렇게 출간된 책이 바로 《지봉유설》이야.

현실 개혁을 고민한 백과사전, 이익의 《성호사설》

성호 **이익**(1681~1763)은 평안북도 운산에서 유배 중인 이하진의 아들로 태어났어. 그가 태어나기 전 조선 정치계에는 한바탕 피바람이 불었는데, 이른바 '경신환국'이라고 부르는 사건이야. '환국(換局)'이란 상황이 크게 바뀐다는 뜻이지. 경신환국은 숙종 6년인 경신년(1680)에 서인 세력이 남인 세력을 대거 쫓아내고 정권을 잡으면서 정치적 국면이 크게 뒤집힌 사건이야.

이익의 아버지 이하진도 이 혼란을 피해 가지는 못했어. 친분이 있던 남인계 학자의 상소를 두둔했다가 그만 파직당하고 결국 평안도까지 유배를 가게 돼. 그리고 그곳에서 이익을 낳게 된 거지.

아버지는 이익이 태어난 바로 다음 해에 돌아가셨기 때문에 아버지와 그리 큰 유대는 없었어. 다만 그의 집에는 아버지가 남겨 놓은 수많은 책이 있었지. 그중 상당수는 아버지가 중국에 사신으로 파견되었을 적 구해 둔 책이야. 이익은 그 책들을 읽으면서 자연스레 청나라 문물을 익히고 실학의 기반을 닦게 돼.

이익은 관직에 나아가지 않고 백성들 사이에 파묻혀 실학을 연구한 인물로 널리 알려져 있지. 그러나 그가 처음부터 관직을 바라지 않았던 건 아니야. 그도 조선의 양반으로서, 형 이잠에게 글을 열심히 배우면서 형처럼 관직에 진출하기를 꿈꿨지. 문제는 그런 형까지도 환국에 휘말렸다는 거야. 아버지와 마찬가지로 이익의 형 또한 남인의 입장에서 장희빈을 두둔하다가 결국 역적으로 몰려 매를 맞고 죽게 돼.

이런 가족사를 가진 이익의 마음은 어땠을까. 이익은 관직에 진출하려는 꿈을 접고, 다양한 책을 접하면서 학문에 매진했다고 해. 그러다가 퇴계 **이황**과 **유형원**의 사상을 접하게 돼. 이익의 책에서 이 두 사람의 말이 계속 인용되는 걸 보면 이들의 사상에서 많은 것을 배웠음을 알 수 있지.

> 유형원이 말하길, "만일 벽골제(저수지) 같은 것을 두세 곳만 만들어 놓아도 흉년이 없을 것이다"라고 하였다. 지금은 이러한 곳이 모두 못쓰게 되었으니, 나라가 가난하고 백성이 살기 어려운 것이 아닌가?
>
> 지금의 성균관 선비들은 자기네 말이 관철되지 않으면 성균관을 비우고 떠나 버린다. 이황 선생이 말하길, "학교를 비우는 것은 송나라 때 권세를 누리던 무리에게서 비롯된 것이므로, 임금을 협박하는 것과 가깝다"라고 하였다. 이것은 이미 대현자의 정론이 있으므로, 다시 평가할 필요가 없다.
>
> -《성호사설》

이런 이익이 평생 동안 궁리하고 통찰한 사상을 모아서 저술한

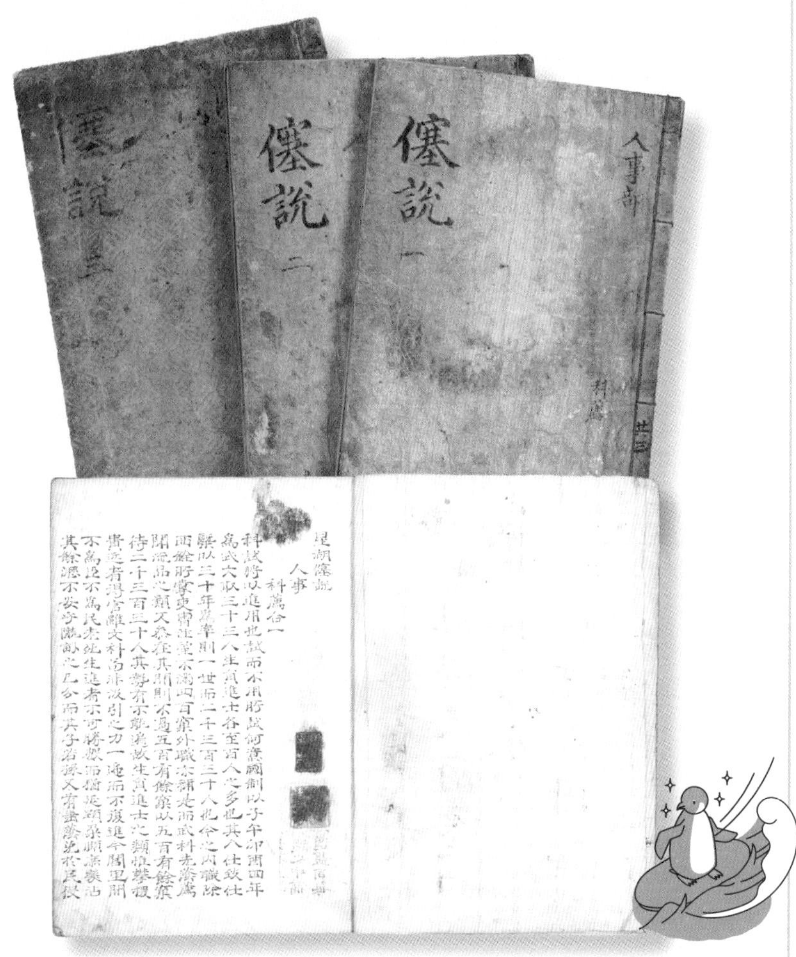

《성호사설》은 총 30권 30책으로 이루어져 있으며 천지(天地), 만물(萬物), 인사(人事), 경사(經史), 시문(詩文) 등 총 다섯 가지 문(門)으로 구성되어 있다. '천지문'에는 천문과 지리에 관한 항목 223가지, '만물문'에는 생활과 관련된 항목 368가지, 그리고 '인사문'에는 정치·사회·학문·인물에 대한 항목이 990가지나 들어 있는데 여기에 이익이 꿈꾸었던 사회 개혁 방식이 많이 담겨 있다. '경사문'에는 유교 경전이나 역사책에 대한 잘못된 해석을 바로잡거나 자신의 독창적인 해석을 덧붙인 기록이 1,048항목, '시문문'에는 중국과 우리나라 문인들의 글과 비평이 378항목으로 정리돼 있다. 사진은 그중 인사문 3책으로 이익의 조카인 이병휴와 안정복 등이 교정한 귀중본이다(성호박물관 소장).

책이 바로 **《성호사설》**(1760)이야. 자신의 호를 딴 제목인데, 여기서 '사설(僿說)'이란 '아주 가늘고 작은 논설'이란 뜻으로 겸손의 표현이라고 볼 수 있지. 이익은 40대 즈음부터 책을 읽으면서 생각한 것이나 흥미로운 내용을 쪽지로 남겨 두는 습관이 있었다고 해. 그 쪽지들을 모아 백과사전처럼 엮은 책이 《성호사설》이야.

《성호사설》의 기록은 이수광의 《지봉유설》이나 이후 다른 백과사전류와는 다르게, 현실 개혁에 대한 논의가 많았어. 정치에 진출하지 않는 대신 정치 논설 위원을 했던 거지.

대표적인 것이 토지 제도에 대한 논의였어. 이익은 농민의 삶을 어떻게 개선할 수 있을까를 많이 고민했어. 그래서 먹고살기에 필요한 최소한의 토지는 절대로 사고팔지 못하게 해서 오래 경작하게끔 하는 '영업전(永業田, 오래 일할 수 있는 밭)'이라는 개념을 고안하기도 했지. 이렇게 이익은 《성호사설》을 통해 후학들에게 개혁의 씨앗이 될 수 있는 지식들을 기록으로 남긴 셈이지.

책만 보는 바보,
이덕무의 유작 《청장관전서》

이덕무(1741~1793)는 서울에서 태어났어. 그러나 찢어지게 가난한 집안의 서자였지. 그래서 이덕무는 어릴 때 아버지의 명으로 잠시 과거 공부를 하긴 했지만, 과거시험 1차에 합격한 뒤로는 관직에 별 관심을 두지 않았다고 해.

그렇지만 글쓰기와 학문적 교류에만은 진심이었던 것 같아. 정규 교육을 제대로 받지는 못했지만 자신과 비슷한 처지인 중인(中人)들과 시 모임을 만들어 공부하기도 하고, 청나라로 가는 사신 행렬에 지원해 새로운 문물을 배우기도 했지. 게다가 그는 유명한 독서광이었어. 오죽했으면 별명이 '책만 보는 바보'라는 뜻의 '간서치(看書痴)'였을까! 그래서 이덕무는 스스로를 이렇게 묘사한 글을 남기기도 했어.

> 남산 아래 어떤 어리석은 사람이 살았는데, (…) 어렸을 때부터 스물한 살이 될 때까지 매일같이 옛날 책을 손에서 떼 놓지 않고 읽었다. (…) 맨날 책을 보다 보니, 자신이 읽지 못한 책을 보면 갑자기 막 웃기도 했다. 그래서 사람들은 그가 웃으면 '새로운 책을 구했구나'라고 생각했다. (…) 사람들은 그를 간서치(看書痴)라고 하였는데, 아무렇지 않아 했다. -《청장관전서》 중 〈간서치전〉에서

그러던 어느 날 그에게 기회가 찾아왔어. **규장각** 검서관으로 발탁된 거야. 규장각은 원래 왕실에서 직접 만든 물건과 왕이 쓴 글을 보관하는 곳이었는데, 당시 정조는 변화하는 사회에 맞는 개혁을 위해서 규장각을 확대해 일종의 연구 기관으로 삼았어. 이곳에서 공부하

고 연구하며 일하는 관리들이 규장각 검서관이야. 정조는 자신의 개혁 정치를 위해 이들을 활용했지. 이덕무는 초대 규장각 검서관으로 일하면서 수많은 진귀한 서적을 접하게 돼. 책을 읽고 책을 편찬하는 것이 임무였으니, 책을 좋아하는 그는 책더미에 둘러싸여 살면서 행복했겠지.

이덕무는 사신 행렬에 참여한 이후, 당시 청나라에서 크게 유행하던 **고증학**이라는 학문에 푹 빠졌어. '생각할 고(考), 증거 증(證)', 즉 고증학은 옛 문헌의 증거를 찾아서 유학을 연구하는 학문인데, 지나치게 추상적이고 관념화된 기존의 유학을 비판하며 등장했지. 출처와 팩트 체크를 중시한 거야. 그래서 고증학은 책을 읽다가 깨달은 바가 있으면 기록하고, 옛 기록과 대조하면서 자신의 기록을 계속 수정하고 보완하는 작업을 중요하게 여겼어. 이덕무 역시 검서관으로 일하면서 일상의 모든 것을 기록으로 남기기 시작했지.

그런데 그런 이덕무가 1793년에 갑작스러운 죽음을 맞이했어. 그가 남긴 기록들이 뿔뿔이 흩어질 위기에 빠졌지. 이덕무를 무척 아꼈던 정조는 그의 죽음을 애도하는 차원에서 왕실 자금 500냥을 아들 이광규에게 하사하고, 규장각 검서관으로 특별 채용했어. 그리고 아들이 아버지의 기록을 정리해 책으로 편찬하는데, 이 책이 **《청장관전서》**야. 여기서 '청장관'은 이덕무의 호이고, '전서(全書)'란 오늘날의 '전집'이라는 뜻이지. 여기에는 이덕무가 어릴 적 썼던 글부터 자신이 읽은 책 중 좋은 글을 선별해 모아 둔 것, 관심 있는 영역에 대한 여러 견문과 생각, 청나라에 다녀온 경험담 등이 두루 망라돼 있어.

그러면 이수광, 이익, 이덕무 같은 실학자들은 왜 백과사전을 저술했을까? 그들은 자의적 또는 타의적으로 정치의 중심과는 거리가 먼 사람들이었어. 정치에 환멸을 느꼈거나, 서자라서 입신양명에 한계가 있었거나. 그래서 붓을 들어, 자신의 저술이 훗날 개혁에 큰 역할을 할 수 있으리라는 믿음을 가지고, 자신의 위치에서 할 수 있는 역할을 다한 사람들이었어. 그리고 그 개혁 방책을 집약적으로 모은 책이 바로 실학자들이 평생에 걸쳐 써낸 '유서'들, 조선판 백과사전이었단다.

디드로,
'지식'에 관심을 갖다

서양에서 처음 제작된 백과사전은 고대 로마의 플리니우스가 쓴 《박물지》야. 《박물지》는 그 시기의 다양한 자료를 정리했다는 면에서 의미가 있지만, 조선시대의 실학처럼 사회 변화를 꿈꾸진 않았어. 대신 훗날 서구 사회 변화에 큰 영향을 준 책은 바로 **드니 디드로**(1713~1784)가 편찬한 **《백과전서》**였지.

디드로는 18세기 유럽의 대표적인 **계몽주의** 사상가야. 아버지가 칼을 만드는 뛰어난 장인이었는데, 장사가 잘되어서 꽤 부유했다고

유럽의 백과전서파를 이끈 드니 디드로. 그는 20여 년에 걸쳐, 당시의 계몽사상가들을 끌어 모아 총 28권의 글과 11권의 도판으로 구성된 방대한 백과사전을 펴냈다.

해. 덕분에 디드로는 어릴 적부터 다양한 학문과 직업 세계를 경험할 수 있었지.

디드로 집안은 독실한 가톨릭 신자였어. 그래서 디드로는 '예수회'라는 선교 단체가 운영하는 기관에서 교육을 받고 삭발식을 하기도 했어. 그러나 신학 공부를 해 보니 자신은 성직자와 맞지 않다는 것을 깨달았나 봐. 그래서 진로를 바꿔서, 당시 새롭게 떠오르는 신흥 귀족이 될 가능성이 컸던 법률가의 길을 가 보고자 했어. 하지만 이것조차도 자신의 성향과 맞지 않았는지 이내 포기하고 가정교사가 되기도 했다가, 결국 작가라는 길을 택하게 되지. 다양한 도전과 실패의 경험은 아픈 기억일 수 있어. 그렇지만 그런 경험이 세상의 다양한 분야의 많은 지식을 탐구하는 바탕이 아니었을까 싶기도 해.

그런 그에게 새로운 기회가 생겨. 당시 영국에서 인기를 끌던 백과사전을 프랑스어로 번역해 달라는 제안을 받은 거지. 그러나 백과사전류 책이 으레 그렇듯 너무나 두꺼웠어. 그래서 혼자는 감당할 수 없었기에, 달랑베르라는 수학자와 함께 이 일을 맡기로 했지.

그런데 곧 생각이 바뀌었어. '왜 우리가 영국 것을 번역해야 하지? 그래! 이 작업의 의미를 제대로 살리기 위해서는 발전한 프랑스 사회에 맞는 새로운 백과사전이 필요해!'라는 생각을 하게 된 거지. 어느 분야든 해외의 우수한 저작을 먼저 수입해 들여오고, 어느 정도 성과가 쌓이면 자기네 나라 실정에 맞게 책을 만들기 마련이야. 하지만 디드로는 당시 프랑스의 지식 수준이 충분히 높다고 판단했어. 그래서 자신들만의 백과사전인《백과전서》를 편찬하고자 마음을 먹어.

당시 디드로는 작가로서 미술 비평 활동에도 열심히 참여하고 있었는데, 그러면서 그 시절 유행하던 살롱 문화의 한복판에서 많은 지식인과 교류하게 돼. 살롱이란 프랑스 상류층의 응접실에서 열리던 사교적인 모임으로, 프랑스 상류층과 지식인·예술인이 교류하고 공유하는 문화였어.

살롱을 통해 디드로는《백과전서》편찬에 관심을 가진 사람들을 모을 수 있었어. 여기에 참여한 사람들은 오늘날로 치면 각 학문의 스타 강사라고 할 수 있지.《법의 정신》이라는 책에서 오늘날과 같은 '삼권(입법·사법·행정) 분립'을 처음으로 주장한 정치 사상가 **몽테스키외**,《사회계약론》이라는 책을 통해 시민의 저항권을 인간이 나면서부터 가지는 권리로 제시한 **루소**, 수많은 책을 집필하면서 '계몽주의'의 아이콘으로 이름을 날린 **볼테르** 등 내로라하는 지식인들이 참여해서 그간 쌓인 프랑스 학계의 지식을 정리하게 돼. 이렇게 《백과전서》 편찬에 참여한 사람들을 우리는 흔히 **백과전서파**라고 부르지.

《백과전서》는 '백과전서 또는 과학·기술·공예에 관한 합리적 사전'이라는 제목으로 1751년에 첫 간행을 시작해서 1772년까지 무려 20여 년에 걸쳐 발간되었어. 총 28권의 글과 11권의 도판으로 구성되었지. 7만여 항목에 대한 설명과 2천여 개 도판이 담긴 이 두꺼운 책을 편찬하는 데 수많은 이들이 참여해서 엄청나게 많은 돈과 시간을 쏟아부었지.

"위험한 사전이니 출간을 막아야 합니다!"

물론 프랑스의 모든 지식인이 《백과전서》에 참여한 건 아니야. 당시 유명 정치인이었던 튀르고에게도 원고를 부탁했지만, 그는 디드로의 부탁을 거절했어. 사실 《백과전서》 같은 책은 지배층 입장에서는 자신들에 대한 큰 도전으로 보일 수밖에 없거든. 계몽사상가들의 최신 이론이 집약된 이 책은 종교적 관용, 사상의 자유, 과학과 기술 등에 대해 논했기 때문에, 왕과 지배 계층에게는 언제든 혁명의 가능성을 불러오는 위험한 이야기로 들렸을 거야. 실제로 《백과전서》의 서문에도 그런 내용이 등장하고 있어.

> 정부의 위대한 목적은 국민의 행복이어야 한다. 통치자는 이를 수행하기 위해 임명된다. 그러므로 그들에게 이 권력을 부여한 시민 헌법은 자연의 법칙과 이성의 법칙을 따라야 한다. (…) 국민의 최고 행복은 자유다. (…) 자유가 없는 국가에는 복지도 없다. 그러므로 애국적인 통치자라면 자유를 보호하고 지킬 권한이 자신의 가장 신성한 의무임을 알 것이다.

결국 《백과전서》는 1752년에 금서(禁書)로 지정되면서 비밀리에 출간될 수밖에 없었어.

> 현재 인쇄된 이 두 권의 책은 왕권을 파괴하고 반역의 정신을 확립하고, 도덕적 부패를 만들 위험이 있다. 무종교 및 불신앙, 공공의 질서와 종교와 명예에 영향을 미치는 것을 우리 국왕 폐하께서는 항시 걱정하시기에, 이 책의 인쇄를 중지하는 것이 적절하다고 판단하셨다. (…) 프랑스 내 모든 인쇄업자, 서점 및 기타 업체가 《백과전서》를 재인쇄하는 것을 금지한다. - 《백과전서》에 대한 국왕 국무회의의 판결

설상가상으로 함께 일하던 달랑베르도 제1권만 완성하고 압박에 못 이겨 포기했어. '지식의 수집과 정리'라는 디드로의 작업은 이렇게 역사의 뒤안길로 사라지는 듯했지. 그러나 디드로는 포기하지 않았어. 혼자서 수백 편의 글을 고증하면서 제2권, 제3권… 20여 년간

몽테스키외

달랑베르

루소 볼테르 흉상 디드로 조프랭 부인

1755년에 조프랭 부인의 살롱에서 열린 볼테르 저작 낭독회. 가브리엘 르모니에, 〈조프랭 부인의 살롱〉(1812). 프랑스 계몽주의 시대를 이끈 볼테르의 흉상 외에도 루소, 디드로, 몽테스키외 등이 등장하고 있어 흥미롭다.

계속 작업을 이어 갔지.

이즈음 디드로의 생활 형편은 매우 어려웠다고 해. 심지어 딸의 결혼에 필요한 돈을 마련하기 위해 장서를 팔아야 하는 처지에 놓이기도 했지. 다행히도 그 소식을 듣고 러시아의 여황제 예카테리나 2세가 도움의 손길을 내밀었어. 예카테리나 2세는 이전부터 디드로와 편지를 주고받으며 계몽사상에 흥미를 갖고 있었거든. 예카테리나 2세가 디드로의 장서를 모두 사 주고, 장서 관리인으로 그를 임명해 급여를 주면서 디드로는 다시 경제적 기반을 확보하게 되었어. 어찌 보면 계몽사상을 설파했기 때문에 얻은 일자리라고도 할 수 있지.

지식이 점차 대중화되던 시대에, 오늘날처럼 저작권이라는 개념도 없었으니《백과전서》복제본이 시중에 상당수 유통되고 있었어. 기존에 출간되었던 책들도 이미 상류층의 서재를 통해서 많은 사람이 공유하며 읽었기 때문에 그 인기는 사그라들지 않았지.

1757년, 로베르-프랑수아 다미앵이라는 사람이 루이 15세를 암살하려 시도하는 사건이 일어났어. 왕이 무능하고, 하층민에게 과도한 세금을 매기고 있으며, 계속된 전쟁으로 백성의 삶이 피폐해지고 있다는 이유였대. 이 국왕 살해 미수 사건 이후, 백과전서파 같은 급진적인 학파가 이런 사건을 일으키는 원인으로 지목되면서《백과전서》는 철저하게 인쇄가 금지되었어. 지배층에게는 이 책의 내용이 한층 더 두려워진 셈이지. 그러나 지식이 퍼져 나가는 움직임 자체를 막기엔 역부족이었을 거야. 당시 계몽사상에 관심을 가진 유력자들의 서재를 통해 많은 사람이《백과전서》를 계속 접했을 테고, 디드로 자신도 정부 몰래 인쇄업자를 통해서 마지막까지 출판을 했거든.

결국《백과전서》는 프랑스 사회의 계몽주의 움직임에 계속 활기를 불어넣어 주는 역할을 했어. 계몽사상이 지식인 사이에 널리 퍼질 수 있는 기반이 되었고, 이런 움직임은 훗날 일어나게 될 **프랑스 혁명**(1789)의 지적 바탕이 되었다고 말할 수 있겠지. 정부의 역할이 과연 무엇인지, 인간의 자연권이 어디에서 나왔으며 어떤 기능을 하는지를 둘러싼 논의는 왕정 체제를 본질적으로 다시 생각하게 만들었고, 결국 왕을 끌어내리고 공화정을 세우는 기반이 되었던 거야.

우리 모두가 지식인인 세상

당시 서양에서는 과학혁명이 일어나고 여러 가지 이론이 발전했지만, 그 자체로는 지식을 발견하고 수집한 것에 불과했어. 이 지식이 종합·활용될 수 있도록 대중에게 쉽게 안내한 이들이 바로 백과전서파였지. 그들이 전파한 지식은 살롱을 통해 지식인들 사이에 교류되었고, 이는 훗날 프랑스 혁명이라는 엄청나게 큰 사회 변화의 기폭제로 작용하게 돼.

한편 조선의 실학자들은 정치에 회의를 느껴 관직을 멀리한 이들이거나, 아예 처음부터 정치에 참여할 길이 막힌 지식인들이었어.

그래서 실학자들의 저서에는 그들이 그렸던 미래의 모습이 가득 담겨 있었지. 이런 생각들은 19세기가 되면 개화파와의 연결고리가 될 거야.

이렇게 사회 변화의 재료인 지식을 종합하고 전달했던 사람들이 실학자나 백과전서파 등 '지식인'들이었던 거야. 그렇다면 오늘날에는 누가 이 역할을 할까?

정답은 '우리 모두'야. 기존의 매체인 책뿐만 아니라 블로그, 팟캐스트, SNS, 유튜브 등 지식을 얻을 수 있는 곳이 다양해졌고, 덕분에 지식에 대한 접근성도 많이 높아졌지. 최근에는 사람을 넘어서서 챗GPT까지 등장해서, 질문만 잘하면 인공지능이 우리가 원하는 지식을 전달해 주기도 해. 그런데 이런 지식의 홍수가 인간을 앎에 관심을 가지고 성장·변화해 가는 존재로 만드는 게 아니라, 오히려 '생각하지 않는' 존재로 만들까 봐 두려워하는 목소리도 존재해.

그렇지만 위기는 기회라는 말도 있잖아? 오늘날에는 누구나 지식을 얻고 생산할 수 있지. 실학파와 백과전서파 사람들은 평생에 걸쳐 보고 듣고 사람들과 교류하며 공부해 온 내용을 평생의 역작으로 정리했어. 그리고 이런 책들이 후대 개혁의 씨앗이 되었지. 우리도 배우고 생각한 내용을 잘 정리하고 기록한다면, 누구나 21세기의 백과전서파 그리고 실학자가 될 수 있지 않을까? 호랑이는 죽어서 가죽을 남기고, 사람은 죽어서 이름을 남긴다는 속담도 있듯이, 지금부터 '나만의 백과사전'을 남겨 보는 건 어떠니?

임윤지당 & 올랭프 드 구주

여성도 남성과 동등한 권리를 갖는다

1721
임윤지당 출생

1724
영조 즉위

1748
올랭프 드 구주 출생

1776
정조 즉위

1789
프랑스 혁명 발발

1793
임윤지당 사망

1793
올랭프 드 구주 사망

1793년 프랑스의 수도 파리, 4년째 이어진 프랑스 혁명 과정에서 많은 이들이 이슬로 사라져 간 단두대. 한 여성이 '여성에 적합한 미덕을 망각한 죄'로 그 아래 섰어. 그리고 사형 직전 외쳤지.

"여성도 남성과 동등한 권리를 갖는다. 나의 목소리는 여기서 끊기지만, 곧 뒤를 이어 많은 여성이 나의 목소리를 이을 것이다!"

그리고 같은 해 조선, 보수적인 사회 분위기 탓에 공개적으로 발언할 수는 없었지만, 글로써 '여성과 남성의 동등한 권리'를 주장하던 또 한 명의 여성이 생을 마감했어. 그가 남긴 유작에는 이런 글이 있지.

"아아! 나는 비록 부인의 몸이지만, 타고난 인품에는 애당초 남녀의 차이가 없다. 비록 어진 성인이 배운 것을 따라갈 수는 없더라도, 내가 성인을 사모하는 뜻은 매우 간절하다."

동시대 다른 지역에 살았던 두 여성은 여성의 권리에 대해 어떻게 한목소리를 냈을까?

10

조선 최초의 여성 철학자, 임윤지당

1721년 조선 양성(지금의 경기도 안성시)에서 사대부 가문의 딸로 태어난 임윤지당(1721~1793)은 아버지가 일찍 돌아가시고 어머니와 오빠들 사이에서 자랐어. 19세의 나이로 강원도 원주의 선비 신광유와 결혼했지만, 남편과 시어머니가 차례로 세상을 떠나면서 47세에 집안의 가장 높은 어른이 되었지. 이후 성리학을 연구하며 저술 활동을 이어 간 윤지당은 1793년, 72세의 나이로 세상을 떠났어. 그의 이름은《윤지당 유고》를 통해 세상에 알려졌는데, 그가 죽은 후 동생과 시동생이 그의 글을 모아 펴낸 책이야.

윤지당이 살았던 18세기 조선은 영조(재위 1724~1776)와 정조(재위 1776~1800)의 시대였어. 흔히 영·정조 시대를 조선의 르네상스 시기라고 부르지? 그만큼 조선 초기부터 발전한 정치, 경제, 사회, 문화, 예술이 찬란하게 꽃핀 시기였는데, 특히 학문적으로는 성리학의 시대였지. 중국에서 발전해 고려 후기에 우리나라에 소개된 성리학은 인간의 심성과 우주의 원리를 철학으로 탐구하는 유학의 한 종류로, 조선시대 내내 많은 사람이 연구하는 가장 영향력 있는 학문이었어. 이성계가 처음 조선을 세울 때도 '성리학적 유교 질서에 따라 백성[民]을 나라의 근본[本]으로 한다'는 민본(民本)을 최우선으로 내세웠지.

그런데 성리학은 '남자는 하늘, 여자는 땅'으로 비유하는 남존여비 사상을 근본으로 했어. 남녀의 역할을 엄격하게 구분해서, 남성은 사회에 진출하고 여성은 가정에서 주로 가사나 육아를 맡는 것을 당연하게 여겼지. 아래 글은 조선의 저명한 유학자인 성호 이익이 남자와 여자의 사회적 역할에 관해 쓴 것으로, 여성이 정치·경제는 물론이고 학문·예술 등의 분야에 관심을 두기 어려웠던 당시 상황을 잘 보여 줘.

> 독서와 강의는 남자의 일이다. 부인들은 아침저녁으로 추위와 더위에 따라 가족을 모시고 제사를 받들며 손님을 대접해야 하니, 어느 겨를에 책을 읊고 암송하리오! -《성호사설》

조선 중기에 임진왜란과 병자호란을 거치며 향촌 질서가 흔들리자, 양반들은 성리학을 일반 백성에게까지 보급해 향촌 질서를 안정시키려고 했어. 성리학적 질서와 규범이 일반 백성의 삶에 영향을 끼치면서 집안의 아버지와 아들, 즉 부계(父系) 중심의 가족 제도가 강화되었지. 사실 조선 초기까지는 제사도 자녀가 돌아가며 지내고, 재산도 자녀의 성별과 관계없이 동등하게 나눠 주었는데, 조선 후기가 되면서 큰아들이 제사를 주관하고 큰아들을 중심으로 한 상속 제도로 바뀐 거야. 혼인 풍속도 신부가 신랑 집으로 가서 생활하는 시가살이가 일반화되었어. 조상의 계보를 보여 주는 족보도 외가와 처가의 계보가 모두 기록되었던 이전과는 달리, 부계 위주의 계보만 기록되었지.

18세기 여성 성리학자 임윤지당의 초상(상상화, 원주역사박물관 소장).

임윤지당은 바로 이런 시기에 조선에 살았던 여성이야. 위에서 본 것처럼 여성은 공교육을 받기는커녕 학문을 익히거나 글을 읽는 것조차 분수에 넘치고 정숙하지 못한 일로 여겨지기 일쑤였지만, 윤지당의 집안 분위기는 달랐어. 형제자매가 함께 성리학을 공부하고 학문적 토론을 벌이곤 했지. 윤지당도 어려서부터 성리학 공부에 특출난 재능을 보였고, 오빠 임성주로부터 '윤지당'이라는 호를 받기도 해.

'윤지당'이 이름이 아니었냐고? 그래, 안타깝게도 윤지당은 호일 뿐이고 본명은 전해지지 않아서 알 수 없어. 조선시대에 여성은 그저 누구의 딸, 누구의 부인, 누구의 어머니 등으로 불릴 뿐이었지. 잘 알려진 신사임당이 본인의 문화적 업적보다도 훌륭한 성리학자 율곡 이이를 길러 낸 현명한 어머니로 기억되듯이 말이야. 임윤지당처럼 신사임당도 '신'씨라는 성과 '사임당'이라는 호만 남아 있을 뿐 본명이 무엇이었는지는 알 길이 없지. 이것만 봐도 당시 조선 사회에서 여성이 받았던 차별이 조금 짐작되지?

"천부적인 인품에는 애당초 남녀의 차이가 없다"

그러나 우주의 질서를 연구하는 성리학자인 윤지당은 남성과 여성은 모두 사회에 꼭 필요한 존재이며 우열이 있는 것은 아니라고 생각했어. 즉 남성과 여성은 현실에서 처한 입장이 다를 뿐 타고난 본성에는 차이가 없다고 생각한 거지. 더 나아가 사람이라면 누구나 순수하고 착한 본성을 가지고 있으니, 이를 발현하기만 하면 성별과 관계없이 성인(聖人)이 될 수 있다고 했어. 당시 성리학에서는 성인이 되는 것을 최고의 가치로 여겼는데, 자신도 여성이라는 성별에 구애받지 않고 성리학을 익히고 실천한다면 성인을 따라갈 수 있다고 믿고 노력한 거야.

> 아아! 나는 비록 부인의 몸이지만, 타고난 인품에는 애당초 남녀의 차이가 없다. 비록 어진 성인이 배운 것을 따라갈 수는 없더라도, 내가 성인을 사모하는 뜻은 매우 간절하다. -《윤지당 유고》

윤지당의 이런 생각은 경상도 삼가현(지금의 경상남도 합천군 일대)의 어느 모녀에 대해 쓴 글에서도 엿볼 수 있어. 이 모녀는 남편이자 아버지가 억울하게 살해당한 일을 되갚아 주기 위해 직접 원수를 찾아가 응징하고, 곧바로 관아에 자수했다고 해. 윤지당은 두 여인의 용기가 남자들도 미치지 못하는 것이라면서 적극적이고 주체적인 삶이라고 칭찬했는데, 당시 성리학에서 강조하던 열녀의 모습과는 정반대인 두 모녀의 모습을 높이 평가한 것이 눈에 띄지?

열녀(烈女)란 남편이 죽은 후 따라 죽거나 남편을 대신해 죽는 여성을 뜻하는데, 부부간의 관계에서 남편에 대한 아내의 순종을 강조했던 성리학의 전형적인 모습을 보여 주는 개념이야. 조선시대에는 여성에게 이러한 열녀의 삶을 강요했어. 그런데 윤지당은 '성리학적 열녀'의 삶보다는 주체적으로 삶의 방향을 선택하는 여성의 모습이

용기 있다고 평가한 거야. 여성이라고 해서 가정 안에서 단순히 예절과 품행만 기를 것이 아니라, 불의를 겪으면 직접 행동하고 정의를 실현해야 한다는 자신의 소신을 모녀의 이야기를 통해 드러낸 거지.

오늘날 윤지당의 글이 다시 조명되고 있는 이유는, 신사임당(1504~1551)이나 허난설헌(1563~1589) 같은 조선시대 여성 작가의 작품이 예술이나 문학에 한정된 것과는 다르게, 그가 성리학과 역사학 등 자신이 공부하고 연구한 성과를 드러낸 조선 최초의 여성 철학자이기 때문이야. 여성에게는 사회적 지위가 주어지지 않았던 조선 후기에, 세상을 향해 직접 목소리를 낼 수는 없을지라도 글로써 남녀 간의 구별이 없음을 분명히 하려고 한 모습을 높이 사고 있는 거지.

프랑스 혁명, 단두대에서 처형된 올랭프 드 구주

1748년 프랑스 남부 몽토방 지방에서 부르주아 집안의 혼외 딸로 태어난 마리 구즈(Marie Gouze, 1748~1793)라는 여성이 있었어. 그는 16세의 나이로 루이-이브 오브리와 결혼하고 아이를 낳았지만 남편이 일찍 죽었지. 그 후 파리로 와서 어머니 이름인 '올랭프'에다 자신의 원래 성을 변형해서 붙인 올랭프 드 구주(Olympe de Gouges)로 이름을 바꾸고, 귀족들의 사교 모임인 살롱에 출입했어. 그리고 정치적인 저술을 발표하면서 활동가로서의 면모를 보이게 돼. 하지만 프랑스 혁명이 한창이던 1793년, 혁명 법정에서 유죄 판결을 받고 단두대에서 처형되어 생을 마감했어. 도대체 그에게 어떤 일이 있었던 걸까?

구주가 살았던 시기, 특히 1789년의 프랑스는 혁명의 소용돌이가 가장 뜨겁게 몰아치는 곳이었어. 당시 프랑스 사람들은 세 가지 신분으로 구분되었는데, 제1신분은 성직자, 제2신분은 귀족, 그리고 인구 대다수를 차지하는 평민이 제3신분이었지. 이러한 신분제와 봉건제의 모순에 시달리던 제3신분의 사람들이, 인간의 권리는 신분이나 재산과 관계없이 누구에게나 기본적으로 주어져야 한다며 혁명을 일으킨 거야. 그리고 2년 뒤인 1791년에는 인간의 기본 권리와 혁명의 기본 이념을 밝힌 **〈인간과 시민의 권리 선언〉**(간단히 줄여서 **〈인권 선언〉**이라고도 해)을 발표하는데, 인간이라면 누구나 자유롭고 평등하다는 내용을 담았어. 그중 몇 가지만 볼까?

> 제1조 인간은 자유롭게 그리고 평등한 권리를 가지고 태어난다.
>
> 제3조 모든 주권의 원천은 본래 국민에게 있다. 어떤 단체나 개인도 국민에게서 나오지 않은 권리를 행사할 수 없다.
>
> 제10조 누구도 자신의 의견 표명을, 심지어 종교적 의견일지라도, 법

> 으로 정한 공공질서를 교란하지 않는 한 방해받아서는 안 된다.
>
> 제17조 소유권은 그 무엇도 침해할 수 없는 신성한 권리이므로, 명백한 공적 필요성이 합법적으로 인정되거나 정당한 보상을 제시하지 않고는 누구도 침해할 수 없다.

하지만 당시 프랑스 국왕이었던 루이 16세는 이 선언문을 받아들이지 않았어. 심지어 혁명은 잠깐 지나가는 바람일 뿐이라고 생각했는지, 파리 근교 베르사유 궁전에 머물며 여유롭게 사냥을 즐기고 있었어. 혁명 당시 혼란스러운 상황에서 파리 시민들은 식량난을 겪으며 굶어 가고 있는데, 베르사유 궁전에서는 매일 호화로운 파티가 계속된 거지.

1791년 10월, 분노한 파리 여성들은 '빵을 달라'고 외치며 베르사유를 향해 걷기 시작했어. 마침내 베르사유 궁전에 도착한 여성들은 루이 16세를 파리로 데려왔고, 결국 루이 16세는 시민의 열망이 담긴 〈인권 선언〉을 인정할 수밖에 없었지. '베르사유 행진' 또는 '10월 행진'이라고 불리는 이 사건을 계기로 〈인권 선언〉이 공식적으로 프랑스 정부의 인정을 받을 수 있었는데, 그 중심엔 파리 여성들이 있었던 거야.

정부에 맞선 국민의 저항 의지와 인권 의식을 보여 준 프랑스 혁명은 오늘날까지도 프랑스 그 자체로 여겨질 만큼 역사적인 사건이야. 〈인권 선언〉이 인정받으면서 파리의 남성 시민들은 **시민권**을 얻

올랭프 드 구주의 초상(알렉산데르 쿠하르스키 작품).

베르사유 행진을 그린 삽화. 행진의 중심에는 파리의 여성들이 있었다.

었어. 그러나 남성 못지않게 혁명에 적극적으로 가담한 여성들은 혁명의 결과라고 할 수 있는 시민권, 더 나아가 정치에 참여할 수 있는 기회를 얻지 못했어. 여성에게는 혁명 이전과 이후의 삶이 별로 달라지지 않았던 거지.

특히 프랑스 혁명 시기의 결혼 제도는 여성에게 매우 억압적이었어. 당시 프랑스 법은 배우자로부터 폭력을 당한 여성이 이혼을 선택할 권리를 전혀 보장하지 않았어. 또 여성은 재산권이 없기에 위자료를 요구할 수 없었고 양육권도 얻지 못했어. 그리고 당시 여성 교육은 매우 미비했는데, 그러다 보니 여성의 시야가 좁다는 이유로 여성에게 완전한 시민권을 부여하지 못한다는 억지 논리가 반복되고 있었지. 당시 프랑스 남성 정치가들이 얼마나 여성의 지위를 깎아내렸는지 한번 볼까?

> "여자들의 행복은 정치적 권리나 직무의 행사를 바라지 않는다는 조건에서만 가능하다." - 탈레랑
>
> "여자들이 읽는 법을 배우는 걸 금지해야 한다." - 실뱅 마르셀
>
> "초등 교육 1, 2년이면 어린 딸에게는 충분하다. 딸아이는 남자가 알아야 하는 것을 아무것도 배우지 말아야 한다." - 브리소

이런 시기에 파리에 진출한 구주는 살롱에서 지식인들과 교류하며 글쓰기에 몰두했어. 그는 흑인과 여성 등 역사적으로 억압을 받

아 온 존재에 관심을 기울였는데, 당시 사회적인 목소리를 내는 여성은 '드센' 여자라며 많은 공격과 비난, 조롱을 받았어. 하지만 구주는 끝내 이에 굴복하지 않았지.

〈여성과 여성 시민의 권리 선언〉을 발표하다

구주에게 프랑스 혁명 당시 발표된 〈인간과 시민의 권리 선언〉은 아주 이상했지. 분명 '인간'의 권리에 대한 선언인데, 그 결과 인간 대우를 받게 된 것은 남성 시민뿐이었으니까. 베르사유 행진을 비롯해서 여성은 혁명의 시작부터 늘 남성과 함께였는데 말이야. 구주는 이 권리가 본질적으로 인간 고유의 속성이라면, 모든 인간은 성별과 인종에 상관없이 마땅히 그 권리를 지녀야 한다고 주장했어.

결국 구주는 그 대안으로 **〈여성과 여성 시민의 권리 선언〉**을 발표했어. 먼저 그는 '자연'을 예로 들어, 여성의 권리는 태어날 때부터 이미 타고난 것임을 분명히 했어. 자연에서는 암수의 차별이 없으며, 어느 곳에서나 두 성별은 조화롭게 협동한다는 거야. 앞에서 본 조선의 임윤지당도 자연의 질서에는 남자와 여자의 차이가 없다는 점을 분명히 했었지?

> 남성이여, 무엇이 그대에게 나의 성별을 억압할 절대 권력을 주었는지 말해 보라. 그대의 힘인가? 그대의 재능인가? 창조주의 지혜를 관찰해 보라. (…) 할 수 있다면 자연의 행정부에서 성별을 탐색하고, 조사하고, 구별해 보라. 어느 곳에서나 두 성별은 섞여 있을 것이다. 이 불멸의 대작인 자연에서는 어디서나 두 성별이 하나로 단결하여 조화롭게 협동할 것이다. 오직 인간 남성만이 이런 원칙에 위배되는 상황을 만들었다.

구주는 진정한 혁명을 이룩하고 공평한 사회 질서를 세우기 위해서는, 국가가 여성에게도 권리가 있음을 인정하고, 여성도 목소리를 낼 수 있도록 허락하며, 부인이 재산을 소유할 수 없게 하는 가정의 경제 불평등 문제를 해소해야 한다고 주장했어. 어때? 정말 당찬 선언이지?

그럼 이 선언의 구체적인 조항을, 앞의 〈인간과 시민의 권리 선언〉과 비교해 볼까?

> **인간과 시민의 권리 선언**
>
> 제1조 인간은 자유롭게 그리고 평등한 권리를 가지고 태어난다.
>
> 제3조 모든 주권의 원천은 본래 국민에게 있다. 어떤 단체나 개인도 국민에게서 나오지 않은 권리를 행사할 수 없다.
>
> 제10조 누구도 자신의 의견 표명을, 심지어 종교적 의견일지라도, 법

으로 정한 공공질서를 교란하지 않는 한 방해받아서는 안 된다.

제17조 소유권은 그 무엇도 침해할 수 없는 신성한 권리이므로, 명백한 공적 필요성이 합법적으로 인정되거나 정당한 보상을 제시하지 않고는 누구도 침해할 수 없다.

여성과 여성 시민의 권리 선언

제1조 여성은 태어날 때부터 자유로우며 남성과 동등한 권리를 갖는다. 사회적 구분은 오직 공익적인 이유에서만 가능하다.

제3조 모든 주권의 원천은 본래 국민에게 있으며, 국민이란 여성과 남성의 조합을 뜻한다. 어떤 단체나 개인도 국민에게서 나오지 않은 권리를 행사할 수 없다.

제10조 누구도 자신의 의견 표명을, 심지어 근본적 의견일지라도, 방해받아서는 안 된다. 여성은 단두대에 오를 권리가 있으므로, 그 행동이 법으로 정한 공공질서를 교란하지 않는 한 연단에 오를 권리 또한 동등하게 가져야 한다.

제17조 함께이든 헤어졌든 재산은 두 성별 모두에게 속한다.

구주는 '인간'의 범위가 여성과 남성 모두를 지칭한다는 점을 분명히 하고 있어. 특히 제10조에서 보듯이, 여성에게도 사회적 목소리를 낼 권리가 주어져야 함을 강력히 주장했지. '드센' 여자라며 조롱받았던 자신의 경험을 살린 선언이었던 거야.

구주는 1791년 10월 28일에 이 선언을 의회에 제출했지만 거부당했어. 그러자 그 직후, 그는 프랑스 여성들에게 이렇게 외쳤어.

> "여성들이여, 우리 여성도 혁명해야 할 때가 왔습니다. 언제까지 여성은 서로 고립된 채 사회에 참여하지도 못하고, 자신의 성을 업신여기고 타인의 동정만 구할 것입니까?"

하지만 의회는 구주의 목소리를 외면한 채 2년 뒤인 1793년 10월, 여성의 모든 집회를 금지했어. "남자는 강하며 예술적 재능을 갖고 현명하게 태어난 반면, 여자는 지적인 사고나 진지한 명상 능력을 갖추지 못해 집안 살림과 자녀 교육을 맡도록 만들어졌다"며 집회 금지를 정당화했지. 그러나 구주는 뜻을 굽히지 않고 자신의 정치적 견해를 수많은 벽보와 팸플릿을 통해 발표했어. 그러다 결국 그해 11월 13일, '여성에 적합한 미덕을 망각한 죄'로 단두대에서 처형당했지. 구주는 죽는 순간까지 '단두대에 올라 처형될 권리'는 누렸지만, '연단에 올라 연설할 권리'는 갖지 못한 거야.

윤지당과 구주,
한마디를 부탁해!

1793년, 같은 해에 생을 마감한 임윤지당과 올랭프 드 구주. 비록 사는 곳도, 여성으로서 겪어야 할 문제도, 여성의 사회 참여에 대한 인식도 달랐지만, 자연 질서의 근본은 여성과 남성의 조화라는 가치관은 공유하고 있었어. 특정 성별을 타고났다고 해서 다른 성별에 비해 당연하게 누릴 수 있는 권리란 없고, 타고난 권리는 모든 사람에게 동등하게 주어져야 한다는 거지. 오늘날 세계 각국에서 다양한 성별 갈등이 벌어지고 있는데, 만약 윤지당과 구주가 지금 시대에 살았다면 우리에게 이렇게 조언하지 않았을까?

"권리는 나누는 것이 아니라, 누구든 공평하게 보장받는 것이다!"

최제우의 동학 & 다윈의 《종의 기원》(1859)

동서양에 새로운 목소리가 울려 퍼지다

1859
찰스 다윈, 《종의 기원》 발표

1860
최제우, 동학 창시

1863
미국 남북전쟁, 링컨의 노예해방 선언

1866
병인박해, 병인양요

1871
신미양요, 척화비 건립

1894
동학농민운동,
갑오개혁, 청일전쟁

"하늘 아래 모든 사람은 신분에 상관없이 평등하고 귀한 존재다."
엄격한 신분제 사회에서 평등 사상의 이념을 담은 동학을 창시한 최제우.

"인간은 신이 창조한 것이 아니라 자연 속에서 변화와 진화를 거듭하여 형성된 것이다."
모든 것이 신 중심으로 돌아가던 세상에서 진화론을 주장한 찰스 다윈.

이들의 목소리는 그 당시에는 다수에게 외치는 소수의 목소리였겠지만, 그 힘은 후대에 막대한 영향을 미칠 정도로 아주 강력했어. 동서양 사람들의 사고에 큰 파문을 일으킨 변혁의 해였던 1860년. 과연 그해에 어떤 일들이 있었던 걸까?

11

차별 사회 속에서 외친 평등의 목소리, 동학의 탄생

조선은 왕을 중심으로 양반, 상민(농민과 상인), 천민으로 구분되던 신분제 사회였기에 계급 차별이 심했어. 특히 천민은 노예처럼 재산으로 취급되었기 때문에 인간다운 대우를 받지 못하는 경우가 대다수였지. 가장 큰 비중을 차지했던 상민 계층도 양반에게 차별과 멸시를 당하기 일쑤였어. 특히 상인은 농업을 중시하는 성리학이 지배적이었던 조선 사회에서 그리 긍정적인 시선을 받지 못했기에, 양반뿐만 아니라 같은 상민층 내에서도 차별적인 시선을 견뎌야 했단다.

특히 조선 후기의 **세도 정치** 시기에는 사회·경제적인 폐해가 굉장히 심각했어. 세도 정치란 몇몇 권세 있는 가문을 중심으로 운영되던 정치인데, 주로 왕실과 혼인 관계에 있는 집안이 권력을 장악했지. 당시 대표적인 세도 가문으로 안동 김씨와 풍양 조씨 가문이 있었는데, 이들의 횡포가 이루 말할 수 없었어. 어느 정도였냐면, 존재하지도 않는 토지에 대한 세금을 부과한다든지, 고작 생후 3일밖에 되지 않은 남자아이에게 군역의 의무를 부과하여 세금을 징수한다든지, 농민들이 실제로 국가로부터 빌린 곡식보다 더 많은 양의 곡식을 이자로 쳐서 갚도록 강제하는 등 백성에 대한 수탈이 말도 못 하게 심했지.

동학의 창시자 최제우의 초상(국립중앙박물관 소장).

이런 상황에서 1860년, 경주의 몰락 양반이었던 **최제우**는 고통받는 백성의 모습과 신분제에 의한 사회적 불평등을 보고 이를 바로잡으려는 열망으로 **동학**(東學)이라는 새로운 종교를 창시했어.

당시 조선에서는 서양의 로마 가톨릭이 천주교라는 이름으로 들어와 점점 퍼지기 시작했는데, 이러한 서양의 문물과 종교, 과학기술을 통틀어 '서양의 학문'이라는 뜻으로 '서학(西學)'이라고 불렀어. 천주교도 처음에는 서학의 하나로 들어왔지만, 신분제와 성리학적 유교 질서가 엄격했던 조선의 지배층 입장에서 '하느님 앞에 모든 인간은 평등하다'는 교리를 가진 천주교는 절대 받아들일 수 없는 것이었지. 그래서 지배층은 천주교를 철저하게 금지하고, 천주교 신자가 있다면 엄벌에 처하기도 했어. 동학은 최제우가 서학에 맞서 우리 고유의 사상을 바탕으로 만든 새로운 종교이기도 해. 그는 서학이 빠르게 확산되어 가도록 놔두면 조선이 서양의 지배를 받게 되리라 생각했기에, 이를 막고 조선의 전통을 수호하고자 동학을 새로 창시했던 거지.

동학에서는 **인내천**(人乃天, 사람이 곧 하늘)이라고 하여, 여성과 어린이는 물론 모든 사람을 '하늘'이라고 보았어. 모두가 하늘이니 모든 사람은 평등한 것이지. 이 교리는 천주교의 '만민 평등'과 맥락을 같이한다고 볼 수 있어. 그런데 상위 계급이 하위 계급을 차별하고 멸시하는 신분제 사회에서, 하늘 아래 모든 인간이 존엄하고 평등한 존재라고 외치다니, 그것도 조선 사람이 주도해서? 아마 동학의 등장은 당시 조선 사회에 충격 그 자체였을 거야.

이렇듯 양반층의 특권을 비판하고 사회적 평등과 정의를 강조했던 동학은 빠르게 확산하여 수많은 하층민의 지지를 얻게 되었어. 그들에게는 동학이 주장하는 것들이 무척이나 가슴을 뛰게 만드는 내용이었을 거야. 반면 지배층으로부터는 엄청난 비판과 반발을 불러일으켰지. 지배층 입장에서는 동학이 널리 퍼질수록 평등을 부르짖는 사람들이 늘어날 것이고, 그들이 평등 사회를 외치며 반(反)체제 운동을 일으키게 되면 성리학적 유교 질서가 무너지고 지배층의 권위가 추락할 수 있다고 보았지. 그래서 동학을 굉장히 위험한 사상이자 종교로 규정지었어. 조선 정부는 천주교를 금지한 것처럼 동학을 '혹세무민(惑世誣民)'의 종교, 즉 '세상을 어지럽히고 백성을 속이는' 종교라며 탄압했지. 그리고 제1대 교주였던 최제우를 사형시켰어.

이렇듯 동학은 창시되자마자 큰 위기를 맞았지만, 제2대 교주 **최시형**이 동학의 정신을 이어 갔지. 그리고 지배층의 수탈과 외세의 경제 침탈에 시달리던 수많은 농민이 동학을 믿고 따르게 되면서 점점 전국적으로 교세를 확장해 나가게 돼.

전 국토에 들불처럼 번져 나간 동학농민운동

특히 1894년에는 동학교도인 농민들이 주축이 되어 탐관오리의 횡포에 맞서 전라도 고부에서 봉기를 일으켰어. 그 중심에는 녹두장군 **전봉준**이 있었지. 이를 시작으로 그동안 쌓여 왔던 계급 차별과 부당한 대우에 대한 분노와 설움이 폭발하여 조선 정부에 격렬히 저항했는데, 이를 **동학농민운동**이라고 해. 동학농민운동은 종교와 사회 개혁이 결합한 운동으로, 피지배층이 정치적 행동을 실천할 수 있는 하나의 창구였기에 전국의 많은 농민이 자발적으로 참여했어.

전라도에서 시작된 이 운동은 점점 들불처럼 번져 나갔고, 동학농민군은 정부의 관군을 상대로 황토현과 황룡촌 전투에서 큰 승리를 거둔 뒤 전주성을 점령하기까지 했지. 뜻밖의 상황에 당황한 정부는 급히 동학농민군과 전주에서 화약을 맺고, 농민군이 더 이상 진군하지 않는 대신 그들의 요구를 일부 수용하기로 했어. 당시 동학농민군이 조선 정부에 요구했던 내용은 다음과 같아.

폐정 개혁안 12개 조

1. 동학교도는 정부와의 반감을 없애고 모든 행정에 협력한다.
2. 탐관오리는 죄목을 조사하여 모두 엄벌에 처한다.
3. 횡포한 부호를 엄벌에 처한다.
4. 불량한 유림과 양반을 징계한다.
5. 노비 문서를 불태워 없앤다.
6. 모든 천인의 대우를 개선하고 백정이 쓰는 평량갓을 없앤다.
7. 젊어서 과부가 된 여성의 재가를 허락한다.
8. 규정 이외의 모든 잡다한 세금은 일절 거두지 않는다.
9. 관리 채용에는 문벌을 타파하고 인재를 등용한다.
10. 왜(倭)와 내통한 자는 엄벌에 처한다.
11. 공사채를 불문하고 농민이 이전에 진 빚은 모두 무효로 한다.
12. 토지는 균등히 나누어 경작하게 한다.[6]

이 내용을 보면 당시 농민들의 염원이 무엇이었는지가 잘 드러나지. 특히 5~7번을 보면 농민들이 신분상의 평등과 남녀의 평등까지 주장했음을 알 수 있어. 현재 우리가 누리고 있는 자유나 평등 같은 가치들이 전혀 당연시되지 않았던 당시 사회에서, 피지배 계층이 이런 목소리를 내기까지는 커다란 용기가 필요했을 거야. 전주 화약 체결 이후 농민군은 전라도 곳곳에 '집강소'라는 자치 기구를 설치해서 폐정 개혁안을 실천하고자 했어.

한편 당시 조선 정부는 동학농민군을 진압하기 위해 청나라에 원군 파병을 요청한 상태였는데, 일본도 청나라와 예전에 맺었던 조약을 근거로 군대를 파병했어. 그래서 졸지에 조선 땅에 청군과 일본군이 주둔하게 되는 상황이 벌어진 거야. 그런데 전주 화약으로 상황이 안정되자 조선 정부는 청군과 일본군에게 모두 철군할 것을 요구했는데, 일본은 도리어 무력으로 경복궁을 점령하고 청에 도전장을 내밀었어. 당시 조선에 대한 주도권을 장악할 속셈을 가지고 있었던 거지. 청과 일본의 기 싸움은 결국 1894년 **청일전쟁**으로 폭발했고, 일본이 이 전쟁에서 승리함에 따라 동아시아의 새로운 강자로 우뚝 서게 돼.

동학농민군은 이런 상황에서 외세의 침입을 막고 국가를 지키기 위해 다시 한번 전국에서 결집했어. 그리고 일본군과 연합한 관군을 상대로 우금치 전투, 태인 전투 등에서 결사항전했지만, 신식 무기로 무장한 일본군과 관군을 당해 낼 수 없었어. 이후 농민군의 수장이던 전봉준이 체포되고 사형까지 당하자 동학농민군은 뿔뿔이 흩어지게 되었지.

혹시 '계란으로 바위 치기'라는 말 들어 보았니? 아무리 저항해도 도저히 이길 수 없는 경우를 비유하는 말인데, 전문적 훈련을 받고 신식 무기로 무장한 군대를 상대로, 무기라고는 곡괭이나 죽창 따위가 전부였던 오합지졸 농민군이 승리를 거머쥐기란 마치 계란으로 바위를 치는 격이었을 거야. 아마 동학농민군도 이 싸움에서 이기기는 쉽지 않으리라는 걸 이미 알고 있었을지도 몰라. 더군다나 실패하면 목숨을 잃거나 아주 큰 벌을 받게 되는 위험한 싸움이었지. 그럼에도 불구하고 이들은 자신들이 꿈꾸는 세상이 오길 바라며 끝까지 용기 있게 싸웠던 거야.

비록 동학농민운동 자체는 실패로 끝났지만, 그 과정에서 제기된 농민들의 요구는 **갑오개혁**에 반영되어 새로운 사회 질서가 이룩되는 데에 크나큰 영향을 주었어. 피지배층의 민중 의식이 강화되어 근대 시민 사회로 성장할 수 있는 동력이 된 거지. 그런 의미에서 농민들이 용기 있는 목소리를 낼 수 있도록 사상적 기반을 제공했던 동학의 역할이 매우 컸다고 볼 수 있겠지?

갑오개혁

1894년(고종 31년) 7월부터 1896년 2월 사이에 추진되었던 일련의 개혁 정책. 1차 개혁은 일본의 간섭을 통해 시행되었지만 2, 3차 개혁은 자주적으로 추진되었다. 정치·경제·사회 전반에 걸쳐 기존의 문물 제도를 근대식으로 고치는 혁신을 단행했다. 과거제 폐지, 신분제 폐지, 과부 재가 허용, 양력 사용, 소학교 설치, 단발령 시행 등이 이때 이루어졌다.

크리스트교 세계관에 울린 새로운 목소리, 진화론의 탄생

크리스트교는 아주 오랫동안 유럽인의 일상생활을 크게 지배하던 종교였어. 그들은 인류가 신의 창조물이라고 생각했지. 그러니 사람들이 결혼을 하거나, 장례를 치르거나, 혹은 중요한 결정을 할 때 항상 교회의 허락을 받는 것도 너무나 당연한 일이었지. 그런데 그런 사회 분위기에서 1859년, 영국의 생물학자 **찰스 다윈**(1809~1882)이 "인간은 신이 만든 창조물이 아니라, 오랑우탄이나 고릴라, 침팬지 같은 유인원이 진화의 단계를 거쳐 형성된 존재"라는 주장을 발표했으니 사람들에게 얼마나 엄청난 충격이었겠어.

남아메리카 국가인 에콰도르의 서쪽 바다에는 크고 작은 19개의 섬과 암초로 이루어진 갈라파고스 제도가 있어. 끝없이 펼쳐진 에메랄드빛 바다와 함께 다양한 동식물이 살고 있는 곳이지. 1831년, 다윈은 이 갈라파고스 제도에서 신비한 광경을 목격하게 돼. 거북이의 등껍질 형태가 각 섬마다 서로 달랐고, 같은 종인데도 부리 모양이 조금씩 다른 새들이 섬 주위 여기저기에 서식하고 있었던 거야.

'서로 같은 종에 속하는데 왜 몸의 형태가 조금씩 다른 걸까?'

다윈은 고민에 고민을 거듭한 끝에, 같은 종에 속하는 생물일지라도 변화하는 환경 속에서 생존에 가장 적합한 특성을 가진 개체들만 살아남게 되고, 그렇게 살아남은 개체들이 번식에서 더 유리한 위치

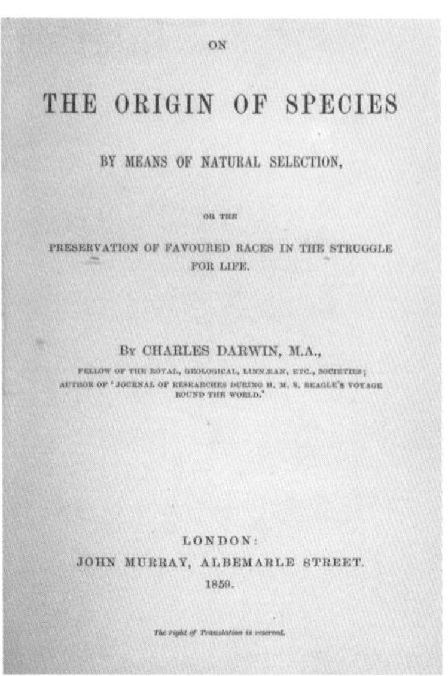

ON

THE ORIGIN OF SPECIES

BY MEANS OF NATURAL SELECTION,

OR THE

PRESERVATION OF FAVOURED RACES IN THE STRUGGLE FOR LIFE.

BY CHARLES DARWIN, M.A.,

FELLOW OF THE ROYAL, GEOLOGICAL, LINNÆAN, ETC., SOCIETIES;
AUTHOR OF 'JOURNAL OF RESEARCHES DURING H. M. S. BEAGLE'S VOYAGE ROUND THE WORLD.'

LONDON:
JOHN MURRAY, ALBEMARLE STREET.
1859.

The right of Translation is reserved.

찰스 다윈과 《종의 기원》 초판 표지. 원래 초판의 제목은 '자연선택에 의한 종의 기원에 관하여, 또는 생존 투쟁에서 선호되는 품종의 보존에 관하여'라는 아주 긴 문구였다.

를 차지하면서 저마다 진화 과정을 겪는다는 것을 깨닫게 되었어. 그러면서 다윈은 인간 또한 전지전능한 신이 한순간에 창조한 것이 아니라, 자연에서 생존에 유리한 유전자를 가진 개체가 오랜 시간 동안 변화와 진화의 과정을 거쳐 형성된 결과물일 수도 있다는 생각에 이르렀어.

이 생각을 바탕으로 20년간 연구에 매진한 다윈은 마침내 1859년 11월 24일, **《종의 기원》**이라고 우리에게 잘 알려진 책을 발표하게 돼. 원래 초판의 제목은 '자연선택에 의한 종의 기원에 관하여, 또는 생존 투쟁에서 선호되는 품종의 보존에 관하여'라는 아주 긴 문구였지. 다윈은 이 책 앞부분에서 생물의 다양성에 대해 이야기하며 '종은 항상 변화한다'는 점을 명확히 했고, **자연선택**의 개념을 바탕으로 **진화론**을 설명하고 있어.

다윈은 동물과 식물마다 유전적 다양성이 존재하는데, 같은 종 내에서도 각 개체마다 다양한 특성이 나타난다고 보았어. 여기서 만약 어떤 개체가 생존에 유리한 특별한 능력과 기능을 가지고 있다면, 같은 환경에서 다른 개체보다 더 수월하게 살아남을 가능성이 높겠지? 그리고 이렇게 살아남은 개체가 자손도 더 많이 낳을 수 있겠지. 그러면 그와 닮은 특별한 능력과 기능을 갖춘 개체 수가 점점 늘어날 테고, 그러다가 어느 순간에 이르면 이런 개체들이 생존 공간을 전부 차지하게 될 거야. 결국 모든 개체가 이런 능력과 기능을 가지는 종으로 변화하는 거지. 다윈은 이런 과정이 바로 개체

창조론과 '지적 설계론'

다윈의 진화론에 맞서 종교계에서는 신이 우리 인간을 지금과 같은 모습으로 창조했다고 보는 '창조론'을 주장한다. 진화론과 창조론의 입장 차이는 오늘날까지도 쉽게 좁혀지지 않고 있는데, 1925년 미국에서 열렸던 '스코프스 재판'의 사례만 보아도 그 갈등의 골이 얼마나 깊은지 알 수 있다.
그해에 미국 테네시주에서 '반(反) 진화론법'이 통과된 후 스코프스라는 물리 교사가 진화론을 가르친다는 이유로 체포되어 재판을 받게 되었다. 이 재판에서 배심원들은 스코프스에게 유죄 평결을 내렸지만, 결과적으로 이 재판은 창조론이 과학적으로 문제가 많은 이론이라는 사실을 전 국민에게 알리는 결정적 계기가 되었다.[7]
창조론은 1990년대 이후 '지적 설계론'이라는 이름으로 명맥을 이어 오고 있는데, 현재와 같은 지구상의 그 복잡하고 정교한 생명체의 구조는 자연적인 과정을 통해서는 도저히 생겨날 수 없고, 오히려 그런 지적인 설계를 할 수 있는 초월적 존재가 있음을 증명할 뿐이라는 주장이다.

들이 진화하는 주요 메커니즘이라고 생각하고, 이를 '자연선택'이라고 불렀어. 그의 이론에 따르면, 모든 생물은 수백만 년 동안 자연선택이 이루어짐에 따라 변화하고 다양성을 쌓아 가면서 진화하는 것이지. 인간도 마찬가지고 말이야.

처음에 다윈의 진화론을 접한 사람들은 모두가 충격에 휩싸였어. 《종의 기원》이 출간되고 나서 사람들의 반응은 굉장히 다양했지. 우선 과학계에서는 진화론을 혁명적인 아이디어로 바라보는 시각이 많았고, 일부 동물학자와 식물학자들은 다윈의 이론을 자신의 연구에 접목해 다양한 생물학 연구를 적극적으로 진행해 나갔어. 그리고 일반 대중과 학자 중 어떤 이들은 다윈의 이론을 적극 지지하고 받아들인 반면, 이를 의심하고 거부하며 전통적인 신념을 유지하려 한 사람들도 있었어. 물론 종교계에서는 극심한 반대와 비난의 목소리가 뿜어져 나왔지. 하지만 점차 사람들은 인류의 기원을 비롯해 인간을 둘러싼 환경을 과학적으로 살펴보고, 그동안 절대적으로 여겨졌던 신 중심의 크리스트교 세계관에서 벗어나 비판적인 시각으로 세상을 바라보기 시작했지.

진화론의 어두운 그림자, 사회진화론과 제국주의

다윈은 어떤 생물이라도 환경 적응에 성공하면 살아남을 수 있지만 그러지 못하면 도태된다고 주장했는데, 영국의 사회학자이자 철학자인 허버트 스펜서는 이를 **적자생존**이라고 표현했어. 그리고 여기서 더 나아가, 어떤 생물이 환경에 적응했다는 것은 그만큼 강한 힘을 갖고 있다는 의미라고 보고, 이 적자생존 개념을 인간 사회에 적용해서 **사회진화론**이라는 새로운 정치 이념을 창안해 냈지.

사회진화론에서는 약자가 줄어들고 그만큼 그들의 문화는 영향력을 잃어 가는 데 반해, 강자는 더 강해지고 문화적 영향력도 점점 더 커지게 된다고 보고 있어. 결국 이 논리에 따르면, 강자 집단은 우월한 인종으로서 우월한 문화를 가졌고, 약자 집단은 열등한 인종으로서 열등한 문화를 가졌다는 거지. 그러니 약자가 강자에게 지배당하는 건 어쩔 수 없는 일이라는 거야.

이러한 사회진화론은 우열에 따라 인간의 종을 나눔으로써, 고등 인간이 하등 인간을 착취하는 것을 합리화하는 **인종주의**의 근거로 작용하게 돼. 그리고 이 사회진화론과 인종주의를 바탕으로 등장한 것이 바로 근대의 **제국주의**였어.

제국주의란, 자국의 정치·경제적 이익을 위해 약소국을 침략하여 식민지를 확보하려는 강대국의 팽창주의적 대외 정책을 의미하는

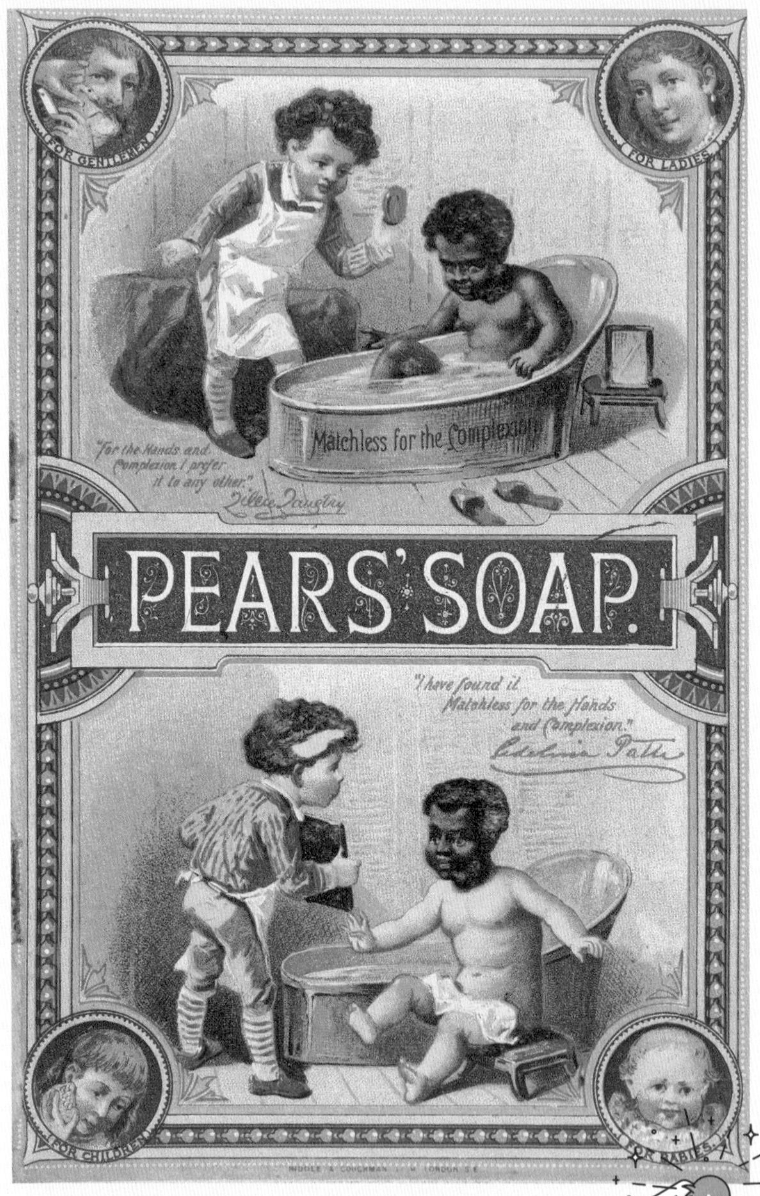

1807년 영국에서 출시된 '피어스 비누' 광고. 흑인 아동이 비누로 목욕한 뒤 피부색이 밝아진 것으로 묘사해 인종주의적 시각을 보여 주고 있다.

용어야. 영국, 프랑스, 독일, 이탈리아, 미국, 러시아 등 서양 강대국들이 대표적인 제국주의 국가였는데, 아시아에서는 일본이 빠르게 제국주의 국가로 성장하게 되지. 이들은 아프리카, 아시아 등지로 건너와 수많은 국가를 정치·경제적으로 침탈했단다.

역사의 메아리, 우리는 오늘도 그 물결의 한가운데에 있다

그러고 보면 1860년은 여러모로 동서양에 큰 파문을 일으켰던 변혁의 해였어. 그리고 그 파문은 연속적인 작용을 불러일으켜서 후대에 매우 큰 영향을 끼치게 돼.

모든 것이 신 중심으로 돌아가던 서구 사회에서 진화론의 등장은 과학적 사고를 확산시켰지만, 곧 사회진화론으로 그 개념이 변질·확장되면서 제국주의의 중심 이론으로 활용되었지. 그 결과 우열의 논리에 따라 강대국의 약소국 식민 지배를 정당화하게 돼.

조선에서는 계급에 따른 차별적 질서를 강조하는 유교적 세계관에서 동학이 등장함에 따라 피지배층 사람들이 평등의 가치를 알게 되었고, 그 가치를 실현하기 위해 투쟁하는 과정에서 농민들의 주체적이고 용맹한 움직임이었던 동학농민운동이 일어나게 되었지. 물론 결과만 놓고 봤을 때는 실패한 운동이었지만, 같은 해 시행된 갑오개혁에서 신분제 폐지가 선포됨에 따라 조선의 지배층이 고수하던 신분 질서를 무너뜨리는 데 큰 영향을 끼친 운동이라고 평가할 수 있어.

그저 하나의 작은 울림으로만 여겨지던 목소리들이 때로는 큰 메아리가 되어 세상에 널리 울려 퍼지기도 한단다. 다윈과 최제우의 목소리가 그랬던 것처럼 말이지. 역사는 과거에서 멈추는 것이 아니라 지금 이 순간에도 끊임없이 역동적으로 흐르고 있고, 우리는 오늘 그 흐름의 중심에 서 있어. 우리 모두가 역사를 써 나가는 주체적인 존재라는 뜻이지. 앞으로 세상에 또 어떤 새로운 목소리가 울려 퍼지고, 그 목소리는 또 어떤 새로운 변혁의 역사를 탄생시킬지 궁금해지지 않니?

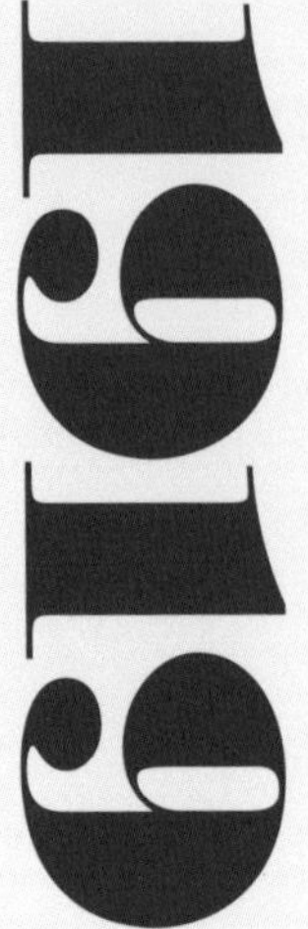

3·1 운동 & 아일랜드 독립전쟁

식민지에서 독립을 외치다

1910
한일 강제 병합

1914
제1차 세계대전 발발

1916
아일랜드 독립선언(부활절 봉기)

1917
러시아 혁명

1918
제1차 세계대전 종식,
미국 윌슨 대통령의 민족자결주의 발표

1919
3·1 운동,
대한민국 임시정부 수립

1919
아일랜드 독립전쟁 시작

1921
아일랜드, 휴전 협정으로 자치권 획득

“우리는 이에 우리 조선이 독립한 나라임과 조선 사람이 자주적인 민족임을 선언한다. 이로써 세계 만국에 알리어 (…) 민족의 독자적 생존의 정당한 권리를 영원히 누려 가지게 하는 바이다.”

1919년 3월 1일, 일본의 지배를 받고 있던 식민지 조선의 한복판에서 조선이 독립된 나라임을 밝히는 독립선언서가 발표되었어.

“우리는 아일랜드의 주권과 소유권이 아일랜드인의 것임을 선언한다. (…) 우리 아일랜드 공화국은 자주 독립 국가임을 (…) 우리 자신과 전우들의 목숨을 걸고 맹세한다.”

1916년 4월 24일, 아일랜드 임시 공화국은 영국의 지배에 맞서 독립을 선언했어. 그리고 3년 뒤인 1919년 1월 21일, 아일랜드 공화국 군대는 영국 정부의 식민 지배 기관을 공격했지. 3년간의 치열한 아일랜드 독립전쟁이 시작된 거야.

제1차 세계대전이 끝난 1919년, 아시아의 동쪽 끝 한국과 유럽의 서쪽 끝 아일랜드에서는 왜 이렇게 비슷한 상황이 전개되었을까? 그리고 그 결과는 어떻게 되었을까?

12

기미년 3월 1일, 터지자 밀물 같은 '대한 독립 만세'

1910년 일본에게 강제로 주권을 빼앗긴(**한일 강제 병합**) 후, 한국인들은 조선총독부의 가혹한 통치에 시달려야 했어. 헌병 경찰이 재판도 없이 사람들을 때리고 모든 자유를 박탈했지. '토지 조사 사업'이라는 명분으로 토지를 빼앗긴 소작인이나 농민의 처지는 더욱 나빠졌어. 이런 강압적인 통치에 대한 한국인들의 저항은 결국 1919년 3·1 운동을 통해 폭발했지.

3·1 운동이 발생하게 된 배경에는, 물론 일본 식민 통치에 대한 반발도 있었지만 국제 정세의 변화도 있었어. 1917년 **러시아 혁명**에 성공한 레닌은 약소 민족의 해방을 돕겠다고 선언했고, **제1차 세계대전**이 끝나 가던 1918년에 미국의 윌슨 대통령도 '민족이 자기네 일

을 스스로 결정할 수 있도록 해 줘야 한다'는 **민족자결주의**를 주장했거든. 미국과 러시아라는 두 강대국이 독립을 원하는 민족을 돕겠다고 했으니, 한국의 독립운동가들은 이 분위기를 타고 한국이 독립을 원한다는 사실을 국제 사회에 알리려고 했지.

제1차 세계대전(1914~1918)

1914년 오스트리아-헝가리 제국의 황태자가 세르비아 청년에게 피살된 사건을 계기로 발발하여, 1918년까지 4년 동안 전개된 전쟁을 말한다. 이 전쟁은 영국·프랑스·러시아 등 '협상국'과 독일·오스트리아-헝가리 제국 등 '동맹국' 사이의 다툼으로 확대되었고, 여기에 일본, 오스만 제국, 미국 등이 참전하면서 전 세계적인 전쟁이 되었다.

제1차 세계대전이 연합국의 승리로 끝난 뒤, 1919년 1월 18일 프랑스 파리에서 승전국 27개국의 강화 회의(전쟁을 하던 나라가 싸움을 그만두고 화해하기 위해 여는 회의)가 열렸어. 중국 상하이에서 활동하던 독립운동가 여운형은 파리에 민족 대표를 파견하고 독립 청원서를 제출했지. 또 2월 8일에 일본에 있던 한국인 유학생들이 도쿄에서 독립선언서를 발표(**2·8 독립선언**)하자, 국내에서도 천도교(동학)를 비롯한 종교 단체와 학생들이 힘을 모아 본격적으로 독립선언을 준비했어.

마침내 3월 1일, 태극기와 독립선언서를 품속에 몰래 감춘 학생과 시민들이 종로의 탑골공원으로 모여들었어. 하지만 생각보다 사람들이 더 많이 모이자, 시위가 과격해질 것을 우려한 민족 지도자들은 장소를 바꿔 한 요릿집에서 조용히 독립을 선언하고, 일본 경찰에 직접 전화를 걸어 자수를 해. 이렇게 3·1 운동이 시작도 못 하고 독립선언 해프닝 정도로 끝나 버릴 수도 있었던 순간, 탑골공원에서 '대한 독립 만세'의 외침이 시작되었어.

약속한 시각이 지났음에도 민족 지도자들이 나타나지 않아 사람들이 흩어지려 할 때, 갑자기 공원 팔각정 위로 한 청년이 뛰어 올라가 우렁찬 목소리로 독립선언서를 낭독했어(그는 경신학교 졸업생 정재용으로 알려져 있으나 확실하지는 않아). 그러자 사람들이 다시 모여들었고, 학생들은 가지고 온 독립선언서와 태극기를 나눠 주었지. 그리고 누가 그렇게 하자고 했는지는 모르겠지만 사람들은 '대한 독립 만세'를 외치며 행진을 시작했어. 시위대는 미국과 영국 등 각국 영사관에 들러 독립선언서를 전달하고, 저녁 늦게까지 목이 터져라 '대한 독립 만세'를 외쳤어. 그리고 이 만세 시위는 주변 도시와 농촌으로 퍼져 나가기 시작했어.

만세 운동이 일어나자 일본은 이 평화적 시위를 무자비하게 진압했어. 헌병 경찰과 군대까지 동원해 주동자들을 잡아 죽이고, 시위에 참여한 사람들을 감옥에 가두었어. 하지만 일본의 강한 탄압에도 불구하고 3·1 운동은 두 달 이상 전국 방방곡곡에서, 그리고 간도와 연해주, 미국 등 우리나라 사람들이 많이 거주하는 해외에서도 계속 이어졌어.

3·1 운동의 여성들, 그리고 그들이 남긴 것

서양 선교사들이 세운 서울의 이화학당은 우리나라에 처음으로 세워진 여성을 위한 학교였어. 충청남도 천안에서 태어나 서울로 유학을 온 **유관순**도 이화학당 학생이었지. 유관순은 3·1 운동이 일어날 때 기숙사 뒷담을 넘어 여섯 명의 친구들과 함께 탑골공원에 가서 만세를 불렀어. 일본이 학생들의 맹렬한 시위에 놀라 강제로 학교 문을 닫게 하자, 유관순은 고향으로 내려와서 만세 운동을 추진했어.

4월 1일, 고향의 아우내 장터에서 장이 열리던 날, 유관순은 밤새도록 직접 그린 태극기를 사람들에게 나눠 주며 행렬의 앞에 서서 '대한 독립 만세'를 외쳤어. 이렇게 시위가 한창일 때, 일본 헌병대가 무자비하게 시위를 진압하기 시작했어. 헌병대의 총칼에 맞아 유관순의 어머니와 아버지가 모두 살해당했고, 유관순과 그의 오빠도 체포되었어. 그날 아우내 장터에서 만세를 부르다가 목숨을 잃은 사람이 무려 19명이나 되었지.

유관순은 갖은 고문을 당하면서도 시위를 주동한 사람은 자기이니 다른 사람들은 석방하라고 주장하고, 법정에서도 죄를 지은 자는 바로 일본이라며 당당하게 맞섰지. 그리고 서대문형무소에 갇힌 후에도 끊임없이 만세 운동을 주도했어. 만세를 부를 때마다 일본으로부터 가혹 행위를 당했지만, 그의 독립 의지를 꺾을 수 없었지. 결국

서대문형무소 역사관의 유관순 열사 동상.

유관순은 서대문형무소에서 1920년 9월 28일, 고문 후유증으로 사망하고 말았어.

> "나는 한국 사람이다. 너희들은 우리 땅에 와서 우리 동포들을 수없이 죽이고 나의 아버지와 어머니를 죽였으니 죄를 지은 자는 바로 너희들이다. 우리들이 너희들에게 형벌을 줄 권리는 있어도, 너희는 우리를 재판할 그 어떤 권리도 명분도 없다."
>
> - 유관순이 법정에서 한 말

2019년 '3·1 운동 100주년'을 기념해 개봉한 영화 〈항거〉를 보면, 당시 서대문형무소에 유관순과 함께 갇혀 있었던 여성 독립운동가들을 만날 수 있어. 이화학당 등을 다니다가 만세 운동에 참여했던 권애라 같은 여학생들뿐만 아니라, 수원에서 기생들의 만세 운동을 주도했던 김향화, 간호사로서 만세 시위에 참여한 김효순 등 다양한 계층의 여성 독립운동가들이 등장해. 당시 여성들은 많은 차별을 받고 있어서 자유롭게 사회생활을 할 수 있는 상황이 아니었어. 그럼에도 목숨을 걸고 일본의 억압에 저항한 여성들이 아주 많았지.

이렇게 3·1 운동은 농민, 학생, 상인, 종교인, 지식인뿐만 아니라 남녀노소를 불문하고 모든 계층의 사람들이 참여한, 전 민족적인 운동이었어. 이름이 알려진 민족 지도자들이 주도한 운동도 아니었고, 보통 사람들의 적극적인 참여로 우리 민족의 독립을 향한 뜨거운 열망을 전 세계에 알린 운동이었어.

비록 일본의 무자비한 탄압으로 3·1 운동은 독립을 이루지 못한 채 끝이 났지만, 우리나라 독립운동에 큰 성과를 남기게 돼. 3·1 운동으로 민족의식을 각성한 사람들은 일본에 저항하는 민족운동과 사회운동을 적극적으로 벌이기 시작했어. 그리고 국내외의 독립운동을 힘 있게 지도할 조직의 필요성을 느끼게 되었지. 그래서 많은 독립운동 단체들이 상하이에 모여 **대한민국 임시정부**를 결성했어. 또 일본도 우리 민족을 무조건 강압적으로 통치해서는 안 된다는 생각을 하게 되어 통치 방식을 바꿀 수밖에 없었지.

나아가 3·1 운동은 중국과 인도의 민족운동에도 커다란 영향을 주었어. 1919년 5월 4일 중국 베이징의 톈안먼 광장에 3,000여 명의 학생들이 모여, 일본이 가지게 된 산둥반도의 권리를 중국에 반환하라는 운동을 시작했어(**5·4 운동**). 이들은 선언문에서 "조선이 독립이 아니면 죽음을 달라고 일어선 것처럼 중국도 일어서야 한다"고 호소했어. 그리고 인도의 독립운동가 네루는 감옥에서 어린 딸에게 편지를 쓰면서, "조선에서 젊은 여성과 어린 소녀들이 3·1 운동 과정에서 중요한 역할을 했다는 얘기를 듣는다면, 너도 틀림없이 깊은 감동을 받을 거야"라며 딸의 독립정신을 북돋우기도 했단다.

대한민국 임시정부(1919년 4월 11일~1948년 8월 14일)

3·1 운동을 계기로 중국 상하이에서 독립운동가들이 세운 정부로, 일제에 맞선 국내외 독립운동의 구심점이 되었다. 광복 후 1948년 7월 17일 공포된 '제헌 헌법'은 전문에 "우리들 대한국민은 기미삼일운동으로 대한민국을 건립하여 세계에 선포한 위대한 독립정신을 계승하여 이제 민주독립 국가를 재건함에 있어서"라고 하여, 대한민국이 임시정부를 계승·재건한다는 점을 분명히 밝혔다. 그리고 한 달 뒤, 해방 3주년 기념일인 1948년 8월 15일에 대한민국 정부가 정식으로 수립되었다.

이즈음, 한국과 중국의 국경인 압록강 일대에서 3·1 운동을 직접 목격한 뒤 한국의 독립운동에 열성적으로 나서게 된 한 외국인이 있었어.

푸른 눈의 후원자,
조국의 독립을 향한 공통의 염원

3·1 운동 직후 백범 김구와 열다섯 명의 독립운동가들은 대한민국 임시정부로 가기 위해 상하이로 향하는 배에 올랐어. 배가 출발하자마자 이들을 감시하던 일본 경비선이 곧장 따라붙어 위협하면서 배를 멈추라 명령했어. 하지만 배를 몰고 있던 '영국인 선장'은 일본 경비선의 요구를 들은 척도 하지 않고 전속력으로 달려 경비 구역을 벗어났지. 이런 긴박한 상황은 김구 선생의 책《백범일지》에도 기록되어 있어.

김구를 도운 영국인 선장은 중국 안동(지금의 단둥)에서 선박 회사 이륭양행을 운영하던 조지 루이스 쇼였어. 사실 이륭양행은 단순한 선박 회사가 아니었어. 대한민국 임시정부가 국내외의 독립운동 세력과 연락하고 독립운동 자금을 모으기 위해 비밀리에 설치한 교통국이었지. 교통국은 여러 지역에 설치되었는데, 그중 압록강 변에 있는 중국 안동의 교통국이 가장 활발하게 활동했어. 바로 쇼가 영국인이라는 신분을 이용해서 교통국의 활동을 적극적으로 도와준 덕분이지. 당시 중국 내의 서양인은 일본인들이 함부로 체포하거나 건물을 수색할 수 없었거든.

쇼는 이륭양행의 2층 사무실 전체를 임시정부 안동 교통국에 제공했어. 그리고 직접 배를 몰고 상하이와 안동을 오가며 많은 독립운동가들을 실어 날랐어. 이러한 쇼의 행적은 당연히 조선총독부의 감시 대상이 되었지. 그래서 조선총독부는 1920년 7월, 쇼가 일본에서 오는 가족을 만나기 위해 신의주에 오자 체포해서 서대문형무소에 수감했어. 유관순이 고문 속에 생을 마감했던 서대문형무소, 그 무서운 곳에 수감되었으니 쇼가 얼마나 힘겨운 일들을 겪었을지 상상이 돼.

조지 루이스 쇼.

다행히 쇼의 체포 소식은 국내외 언론에 알려져 영국과 일본의 외교 문제로 번졌어. 영국은 일본에게 불법으로 체포한 쇼를 석방하라고 요구했고, 결국 체포 4개월 만에 쇼는 석방됐어. 쇼는 서대문형무소에서 석방된 뒤에 더 적극적으로 임시정부를 도왔지. 돌아오자마자 일본의 만행을 규탄하는 집회를 열고, 독립운동가 김문규를 이륭양행 직원으로 채용해서 임시정부 활동을 합법적으로 할 수 있게 도와주었어.

혹시 1920년대에 일본의 간담을 서늘하게 했던 **의열단**이라는 단체를 알고 있니? 우리나라에 있던 일본의 주요 기관에 폭탄을 던져 식민 통치의 부당함을 알린 독립운동 단체야. 이 의열단 활동에 쓰일 폭탄과 무기를 옮겨 준 사람도 바로 쇼였단다.

쇼는 열정적으로 한국의 독립을 염원하고, 꼭 독립을 쟁취할 수 있을 거라 믿었어. 계속된 작전 실패와 동지들의 투옥으로 절망에 빠져 있던 김문규에게 쇼가 건넨 이야기는 그의 마음을 잘 보여 주고 있지.

> "지금 세계의 대세를 보라. 아일랜드는 영국으로부터 독립하고, 인도의 독립 역시 가까이에 존재한다. 다음에 한국이 일본으로부터 독립함은 의심의 여지가 없다. 그대들이 만족할 만한 일은 멀지 않았다."

그러나 일본의 집요한 감시와 탄압, 사업 방해로 쇼는 결국 1938년에 중국 남부의 푸저우로 떠날 수밖에 없었고, 1943년 63세의 나이로 생을 마쳤어(1963년 대한민국 정부는 외국인으로서는 최초로 조지 루이스 쇼에게 건국공로훈장을 수여했어. 그리고 2012년 광복절에 그의 손녀에게 이 훈장이 전달되었지). 평생을 한국의 독립을 도운 조지 루이스 쇼, 그는 왜 이렇게 열정을 다해 우리를 도왔을까?

사실 그는 국적은 영국인이었지만, 영국의 식민 지배를 받던 아일랜드 출신이었어. 그래서 일본으로부터 독립하고 싶어 하는 한국인들의 마음을 충분히 공감할 수 있었지. 더군다나 1919년 1월은 아일랜드인들이 영국에 맞서 전면적으로 총을 들고 독립전쟁을 시작한 때였어. 그리고 얼마 후 한국에서 3·1 운동이 일어난 거지. 일본의 잔인한 진압에도 불구하고 활활 타는 독립 의지를 온몸으로 보여준 한국인들을 보면서, 쇼는 같은 식민지 사람으로서 울분과 벅참을 느낀 것 같아. 어쩌면 자기가 직접 무기를 들고 영국에 맞서 싸우지 못하는 미안함을 한국의 독립운동가들을 도우면서 갚으려 했을지도 몰라. 그럼 쇼가 마음으로 그리워했던 그의 조국 아일랜드, 그곳의 사람들을 만나러 떠나 볼까?

아일랜드,
영국 식민지가 되다

아일랜드는 유럽 대륙의 서쪽 끝, 영국 옆에 있는 섬나라야. 지도에서 보는 것처럼 아일랜드섬의 북쪽은 '북아일랜드'라 불리는데, 지금도 영국 영토에 속해 있어. 영국은 이 북아일랜드를 포함해 잉글랜드, 스코틀랜드, 웨일스로 구성된 연방 국가란다. 그러니까 지금 우리가 아일랜드라고 부르는 나라는 아일랜드섬에서 북아일랜드를 제외한 지역이지.

아일랜드는 게일어를 주로 사용하는 켈트족이 거주했던 지역인데, 5세기부터 크리스트교(가톨릭)가 전파돼. 그 뒤 주변 국가에도 가톨릭을 전해 줄 만큼 독실한 가톨릭 국가가 되고, 7~8세기에는 수도원을 중심으로 문학과 예술을 화려하게 꽃피웠어. 그래서 아일랜드는 주변 나라에 '성자와 학자의 나라'로 알려졌단다.

영국 연방과 아일랜드.

11171년, 영국 왕 헨리 2세는 아일랜드를 침략하여 자신의 아들을 아일랜드의 왕으로 삼았어. 그때부터 아일랜드는 영국의 식민 지배를 받게 되지. 하지만 15세기까지는 아일랜드인들이 우리나라처럼 가혹한 식민 지배를 받았던 것은 아니었어. 아일랜드로 들어온 영국인들도 자연스럽게 아일랜드인들과 어울리며 큰 문제 없이 살아가고 있었지.

그러다가 1509년, 영국에서 헨리 8세(재위 1509~1547)가 왕이 되었어. 헨리 8세는 왕이 강력한 권한을 갖는 절대 왕정의 기틀을 마련한 사람이야. 앞서 루터 이야기에서 잠깐 살펴본 것처럼, 그는 가톨릭에서 벗어난 '영국 국교회'라는 새로운 종교를 만들었지.

당시 영국 주변의 강대국인 프랑스와 스페인은 모두 가톨릭 국가였고, 바로 옆 아일랜드도 가톨릭을 믿는 사람이 많았어. 헨리 8세는 아일랜드인들이 프랑스, 스페인과 힘을 합해 영국을 공격해 올까 봐 걱정스러웠어. 그래서 그는 1541년, 아일랜드를 침공해서 아일랜드인에게 영국 국교회로 개종할 것을 강요했어. 개종하지 않는 사람들의 토지를 빼앗고 아일랜드의 왕이 바로 자신, 헨리 8세라 선언하며 아일랜드 식민 지배를 강화했지.

이에 불만을 품었던 아일랜드인들은 영국에서 찰스 1세(재위 1625~1649)와 의회의 갈등이 고조되어 가던 1641년, 대규모 반란을 일으켰어. 하지만 **청교도 혁명**을 일으켜 찰스 1세를 처형하고 정권을 잡은 크롬웰의 의회군이 1649년에 아일랜드를 침략해서 반란을 무자비하게 진압했어. 크롬웰은 반란군과 민간인을 가리지 않고 학살했지. 크롬웰이 침입했던 동안 당시 아일랜드 인구의 4분의 1 정도가 살해당했다고 해.

크롬웰은 비옥한 지역의 토지를 모두 빼앗아 영국에서 건너온 사람들과

연방 국가

자치권을 가진 지역들이 모여 이루어진 국가. 대표적인 연방 국가로 영국과 미국이 있다. 미국은 동부 지역의 13개 영국 식민지들이 독립하는 과정에서 만들어졌으며, 현재 자치권을 가진 51개 주의 연합으로 운영되고 있다. 또 두바이로 유명한 아랍에미리트도 7개 국가가 연합해 만들어진 연방 국가인데, 두바이는 아랍에미리트에 속한 하나의 국가이자 도시다.

청교도 혁명(1642~1649)

16세기부터 영국에서는 자영농과 상공업자들이 성장하는데, 이들은 대부분 신교(영국 국교회)를 믿었고 의회에 진출해 정치적인 권리를 찾으려 했다. 당시 영국의 신교도를 청교도라 불렀는데, 17세기 초 제임스 1세와 그 뒤를 이은 찰스 1세는 의회의 승인 없이 세금을 부과하고 청교도를 박해하면서 의회와 갈등을 빚었다. 결국 1642년 의회파와 왕당파 사이에 전쟁이 발생했고, 청교도인 크롬웰이 이끈 의회군이 승리해 1649년에 공화정이 수립되었다. 이를 '청교도 혁명'이라 한다.

영국 국교회로 개종한 사람들에게 나눠 줬어. 가톨릭을 믿는 아일랜드인들은 자기 땅을 빼앗기고 신교도들의 소작농이 되었지. 그리고 크롬웰은 가톨릭교도의 토지 소유를 금지하고 대학에 진학하거나 주요한 관직에 오르지 못하게 하는 페널법(Penal Laws)을 제정했어. 아일랜드인의 민족정신이 가톨릭에 뿌리를 두고 있다고 판단했기 때문이야. 그리고 아일랜드의 문화, 음악, 게일어 교육을 금지해서 아일랜드인들을 굴복시키려 했어.

하지만 아일랜드인들은 가톨릭교도에 대한 차별 대우를 개선하라는 운동을 끊임없이 전개하면서 영국에 대한 저항 의지를 꺾지 않았지. 그러던 중 아일랜드에 큰 재앙이 닥치게 돼.

영국인들이 키운 재난, 아일랜드 대기근

1840년대 당시 대다수 아일랜드인의 주식은 감자였어. 감자는 16세기 넘어서 아메리카 대륙으로부터 들어온 작물이었으니 아일랜드 사람들이 원래부터 감자를 많이 먹었던 것은 아니야. 크롬웰이 아일랜드인 대다수를 가난한 소작농으로 만들었다는 이야기를 했지? 영국인 지주들은 땅 위에서 자라는 밀을 비롯해 모든 농작물을 수탈해 갔지만 감자만은 예외였어. 과거에 영국인들은 땅속에서 열매를

아일랜드 작가 릴리언 루시 데이비드슨의 작품 〈대기근(Gorta)〉(1946). 1840년대의 감자 대기근은 영국의 식민 지배에 대한 아일랜드인들의 분노를 증폭시키는 계기가 되었다.

맺는 감자를 '악마의 작물'이라고 부르면서 가축의 사료로만 썼기 때문이지. 그래서 자연스럽게 감자가 아일랜드 사람들의 주식이 된 거야.

1845년에 감자에 흰 곰팡이가 생기기 시작하더니, 잎은 물론 땅속의 씨감자까지 모두 죽어 버리는 감자 역병이 퍼져 나갔어. 이 병은 감자를 주식으로 하고 있는 아일랜드인들에겐 정말로 큰 재앙이었지. 5년 넘게 이어진 감자 역병으로 당시 100만 명이 넘는 아일랜드인들이 굶어 죽었다고 해.

이렇게 아일랜드인들이 죽어 가고 있는데도 영국 정부는 별다른 대책을 세우지도 않고, 밀과 곡식을 영국으로 수탈하는 일도 멈추지 않았어. 심지어 오스만 제국이 아일랜드의 기근 소식을 듣고 1만 파운드를 기부한다고 했는데도 영국 정부는 이를 거절했지. 영국 여왕이 이미 2,000파운드를 기부했는데 여왕보다 더 많은 금액을 기부하는 것은 여왕의 권위를 떨어뜨리는 일이라는 이유였어. 그러니 달리 먹고살 방법이 없는 100만 명 가까운 아일랜드인들은 살아남기 위해서 태평양을 건너 미국 등의 나라로 이민을 떠나게 되었지.

> "감자를 망친 것은 신이었다. 하지만 그것을 대기근으로 바꾼 것은 영국인들이었다." - 19세기 아일랜드 민족주의자, 존 미첼

갑작스레 발병한 감자 역병을 막을 수는 없었겠지. 하지만 당시 영국 정부가 제대로 대책을 세워 아일랜드 사람들에게 농작물을 나눠 주고 다른 나라들로부터 구호품을 받았다면, 100만 명이 넘는 사람들이 굶어 죽고 또 100만 명이 넘는 사람들이 고국을 떠나는 비극은 발생하지 않았을 거야. 이렇게 감자 대기근은 영국의 식민 지배에 대한 아일랜드인들의 분노를 증폭시키는 계기가 되었어.

부활절 봉기와 아일랜드 독립전쟁

1914년에 제1차 세계대전이 발발하자 영국은 즉시 독일에 선전포고를 하며 전쟁에 참전했어. 아일랜드의 독립운동 세력은 영국이 전쟁을 하느라 정신없을 이때가 영국으로부터 독립할 수 있는 절호의 기회라고 생각했지.

1916년 4월의 부활절, 아일랜드 독립운동 단체들은 아일랜드 수도 더블린의 관공서들을 장악하고, 아일랜드 공화국 수립을 선포했어(부활절 봉기). 아일랜드의 주권과 소유권은 아일랜드인의 것이고, 아일랜드 공화국은 외국에 의해 침해받지 않는 독립 국가임을 전 세계에 선언한 거야.

영국은 아일랜드가 전쟁 와중에 뒤통수를 친 것에 매우 분노했어. 그래서 소식을 듣자마자 전쟁에서 활약했던 최정예 군인들을 더블린으로 파견해 잔인하게 진압하기 시작해. 당시 영국군에 비해 아일랜드 독립군은 무기나 보급품도 적었고, 실전 경험도 부족했지. 결국 아일랜드 독립군은 열심히 싸웠지만 역부족이었고 불과 일주일 만에 진압당했어. 그 후 영국은 부활절 봉기를 주도한 사람들을 집중적으로 검거해서 잔인하게 총살했지.

이렇게 부활절 봉기는 실패했지만 무의미하게 끝난 것이 아니었어. 아일랜드 독립운동가들에 대한 영국의 잔인한 탄압을 지켜본 아일랜드 사람들이 영국에 대한 반감을 더욱 키우게 되었으니 말이야. 아일랜드인들은 꼭 영국으로부터 독립해야겠다는 열망을 갖게 되었어.

제1차 세계대전이 끝난 1918년 12월, 영국 총선거의 일부로 아일랜드에서도 선거가 치러졌어. 선거 결과 아일랜드 의회에 배정된 105석 중 과반수인 73석을 신페인당이 차지했어. '신페인(Sinn Fein)'은 아일랜드 말로 '우리 스스로'라는 뜻이야. 즉 의회에 들어가 세력을 키워 독립을 쟁취하자고 생각하는 단체였어. 아일랜드인들이 독립을 원하고 있다는 사실을 선거 결과로 확인한 신페인당은 자신감을 가지게 되었어. 1919년 신페인당은 영국 의회에 속하기를 거부하고 아일랜드만의 독립된 의회를 선포했어. 그렇게 탄생한 아일랜드 의회는 아일랜드 공화국 군대를 창설하고 영국으로부터의 독립을 선언했어. 부활절 봉기 때와 달리 이제 아일랜드 공화국은 정식 의회와 군대를 지닌 국가였고, 국가 대 국가로 영국과 맞서게 된 거야.

1919년 1월, **아일랜드 독립전쟁**이 시작되었어. 여전히 아일랜드 독립군은 영국에 비하면 무기와 경험이 부족했지만, 아일랜드 국민의 지지를 바탕으로 끈질기게 전쟁을 지속했어. 결국 독립전쟁에서 확실한 우위를 차지하지 못하던 영국은 1921년 12월 6일, '영국-아일랜드 조약'이라는 휴전 협정을 맺으며 전쟁을 끝냈어.

영국-아일랜드 조약에는, 아일랜드가 비록 영국 연방의 일원이긴 하지만 자유국으로서 실질적인 독립과 자치를 보장하겠다는 내용이 담겨 있었어. 하지만 이 조약은 또 다른 분쟁을 예고했어. 아일랜드 북쪽 지방은 영국이 직접 통치한다는 내용도 담고 있었거든. 사실 북아일랜드 지방의 주민 대부분은 영국과 스코틀랜드에서 이주한 사람들이었고, 종교도 신교였어. 그래서 북아일랜드 사람 중 많은 이들이 독립을 지지하지 않았어. 결국 북아일랜드는 영국 연방에 속한 지역으로 남고, 아일랜드 남부는 '아일랜드 자유국'이 되면서 남북이 나뉘게 되었어.

1937년에 아일랜드는 국가 이름을 '아일랜드 자유국'에서 '아일랜드(Éire)'로 바꾸고, 아일랜드의 국어 또한 영어가 아니라 아일랜드어(게일어)라고 못 박았어. 영국과 완전히 다른 나라임을 분명히 한 거야. 그 후 아일랜드는 '켈트의 호랑이'라는 별명이 붙을 정도로 높은 경제성장을 이룩해 호황을 누리다가, 2008년 세계 금융위기 때 큰 타격을 입었으나 3년 만에 극복했어. 그래서 지금은 세계에서 가장 잘사는 나라 중 하나가 되었단다. 하지만 여전히 북아일랜드와의 분단 문제는 해결되지 않은 채 남아 있지.

고통을 당해 본 사람이 남의 고통에 공감할 수 있어

일제강점기 당시 일본인 학자 야나이하라 다다오는 "조선은 일본의 아일랜드"라고 했어. 바로 옆 강대국에게 정복당해 멸시당하면서도 굴하지 않고 자존심을 세우며 독립 의지를 보이는 게 비슷하다면서 말이야. 해방 후 한국에 와서 미국 국방부에 보고서를 써낸 버치 중위도 "한국인들은 동양의 아일랜드인이다"라고 표현했어. 일본인의 눈에도, 미국인의 눈에도, 한국인과 아일랜드인은 민족적 성향이 비슷하게 보였나 봐.

일제강점기 한국인들의 해외 이주

일본의 침략을 피해 당시 많은 한국인이 압록강과 두만강을 건너 간도(중국)와 연해주(러시아)로 이주했으며, 돈을 벌기 위해 미국 하와이 등에 노동자로 이주한 사람도 많았다. 간도와 연해주 지역은 독립군 양성의 터전이 되었다. 그래서 1930년대에 스탈린은 일본과의 분쟁을 피하기 위해, 연해주의 한국인들을 카자흐스탄과 우즈베키스탄 등 중앙아시아로 강제 이주시켰다. 1937년 10월 25일까지 17만 명이 넘는 한국인들이 강제 이주했고, 이들은 중앙아시아에서 '카레이스키(고려인)'라 불리고 있다.

민족적 성향뿐 아니라 역사적 상황도 한국과 아일랜드는 정말 놀랍도록 비슷한 점이 많아. 일본과 영국이라는 섬나라 옆에 위치해 있으면서 계속 침략과 식민 통치를 당하다가 독립한 점, 식민 통치 과정에서 많은 사람이 외국으로 이주한 점, 독립 이후 내전을 거쳐 남과 북으로 분단된 점, 근면과 교육열을 바탕으로 아시아와 유럽의 가장 가난한 나라에서 높은 경제성장을 이루어 낸 점, 그리고 여전히 분단 국가로 존재한다는 점도 닮아 있어.

아시아 동쪽 끝의 한국, 유럽 서쪽 끝의 아일랜드. 지리적으로 너무 멀리 떨어진 두 나라인데 이렇게 비슷한 역사적 경험을 가지고 있다는 것이 참 신기하지? 그리고 무엇보다 1919년, 똑같이 전 세계에 독립을 외쳤던 사실도 말이야.

자유와 독립은 그냥 주어지는 것이 아니야. 한국과 아일랜드 사람들은 폭력과 억압에서 벗어나기 위해서는 가만히 있어서는 안 된다고 생각했어. 끊임없이 저항하며 독립을 쟁취했고, 어려운 일이 닥칠 때면 온 국민이 힘을 모아 극복했어.

고통을 당해 본 사람만이 남의 고통에 진심으로 공감할 수 있어. 아직도 세계에는 전쟁과 폭력으로 고통받는 사람이 많아. 그들이 좀 더 행복해질 수 있도록 관심을 기울이고, 도움의 손길을 내밀어 주는 것은 어떨까? 백 년 전 조지 루이스 쇼가 한국에 내밀었던 것과 같은 손길 말이야. 이런 손길을 우리가 내민다면, 독립을 향한 뜨거운 열망 하나로 일본의 총칼에 맞섰던 이름 없는 많은 분들이 우리를 보며 분명히 흐뭇해하실 거야.

4월 혁명 & 아프리카의 해

한국과 가나, 엇갈리고도 닮은 두 운명

1945
광복

1948
대한민국 정부 수립

1950
한국전쟁 발발

1957
가나, 영국의 식민 지배로부터 독립

1960
4월 혁명

1960
아프리카의 해

1961
5·16 군사 쿠데타

1974
아프리카 마지막 식민지 앙골라, 포르투갈로부터 독립

1979
12·12 군사 쿠데타

1987
6월 민주항쟁

1991
소련 해체

2000
남북 정상회담

2002
아프리카 연합(AU) 결성

“국민이 원하면 대통령직을 사임할 것이다.”

1960년 4월, 한국의 초대 대통령 이승만은 위와 같은 연설을 하며 대통령직에서 내려왔어. 국민들이 대통령 부정 선거에 항의하며 이승만 대통령의 하야를 요구했기 때문이야. 이렇게 물러난 그는 하와이로 망명을 갔어.

“우리는 함께 우리의 운명을 위해 나아갈 것입니다.”

같은 해 4월, 아프리카 가나에서는 초대 대통령 콰메 은크루마가 취임했어. 오랫동안 영국의 식민 지배를 받았던 가나가 드디어 완전한 독립을 이루고, 헌법 개정을 통해 대통령을 선출한 순간이지.

1960년 4월은 동아시아의 한국과 서아프리카의 가나에게 어떤 역사적 순간이었을까?

13

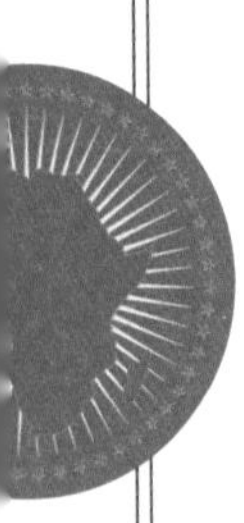

1960년 한국의 4월 혁명

1960년 4월은 우리나라 사람들에게 '뜨거운 역사'로 기억되고 있어. 우리 국민이 민주주의를 위해 싸운 '4월 혁명'이 발생한 시간이기 때문이야. 4월 혁명은 현재 대한민국 헌법 전문에서도 "4·19 민주 이념을 계승"한다고 언급될 만큼 한국 사회에서 중요한 사건으로 여겨지고 있지.

민주주의를 향한 여정은 이제 막 일본의 식민 지배로부터 독립을 이룬 조선 사람들에게 쉽지 않은 길이었어. **제2차 세계대전**이 독일, 이탈리아, 일본의 항복으로 끝나고 1945년 8월 15일 한국은 마침내 광복을 맞이했지만, 곧 분단과 전쟁의 비극을 겪었지. 1948년 8월과 9월에는 각각 대한민국 정부와 조선민주주의인민공화국 정부가 수립되었고, 이후 남과 북은 3년 동안 **한국전쟁**(1950~1953)을 벌였어.

이러한 비극은 제2차 세계대전 이후 미국과 소련 두 강대국 중심의 **냉전**(Cold War) 질서가 들어선 가운데 벌어진 것이었어. 남한과 북한이 각각 미국, 소련과 밀접한 관계를 맺으면서 정부 수립과 분단, 전쟁을 겪게 된 거지. 자본주의 진영과 사회주의 진영으로 나뉘어 대결하는 국제 질서가 신생 독립국의 자립에 영향을 미쳤던 거야.

당시 대한민국의 이승만 정권은 '반공(공산주의 반대)'을 외치며 냉전·분단·전쟁 상황을 이용해 정권을 유지하고자 했어. 심지어 정권 연장을 위해 한국 전쟁이 한창이던 1952년에 헌법을 개정하기까지 했지. 1950년 5월 제2대 국회의원 선거에서 무소속 후보들이 대거 당선되자, 이승만 정권은 이승만 대통령이 다시 당선되기 어렵다고 판단했어. 당시 대통령 선거는 국회의원들이 국민을 대신하여 투표하는 간접 선거였거든. 그래서 이승만은 국회의원들을 폭력 조직을 동원해 위협하고, 군대를 동원해 납치까지 하면서 헌법

제2차 세계대전(1939~1945)

1939년 9월 1일 나치 독일이 폴란드를 침공한 때부터 1945년 9월 2일 일본이 항복 문서에 서명하기까지 6년간 이어진 전쟁을 말한다. 독일·이탈리아·일본을 중심으로 한 '추축국'과 영국·프랑스·미국·소련·중국 등이 중심이 된 '연합국' 간에 벌어진 대규모 세계 전쟁으로, 인류 역사상 가장 큰 인명과 재산 피해를 낳았다. 그리하여 전쟁이 끝난 뒤, 국제 평화와 안전 보장을 위한 국제기구인 국제연합(유엔)이 설립되었다.

소련(소비에트 연방)

'소비에트 사회주의 공화국 연방'의 줄임말. 1917년 러시아에서 사회주의 혁명이 발생한 이후, 1922년부터 러시아가 우크라이나·벨라루스 등 인접 국가들을 통합해 만든 연방이다. 최종적으로 모두 15개 공화국이 포함되었다. 1991년까지 지속되었다가 해체되고, 개별 국가들로 분리되었다.

1960년 2월 28일 대구 학생들이 거리로 나와 시위했다. 자유당은 이날이 일요일임에도 불구하고 학생들이 민주당 정치인의 선거 유세장에 참여하지 못하도록 각 학교장을 불러 모아 회의를 했다. 그 결과 시험, 임시 수업, 졸업생 송별회 등을 이유로 학생들은 등교해야 했다. 이에 대구의 여러 학교 학생들은 등교 저항 시위를 기획했다. 학생들은 "학생들을 정치 도구로 사용하지 말라", "민주주의를 살리자", "학원의 자유를 보장하라" 등의 구호를 외쳤다.[사진 제공: (사)3·15의거기념사업회]

1960년 3월 15일, 제4대 대통령 선거 투표장으로 향하는 사람들의 모습. 이날 사람들은 지시에 따라 3인조·5인조 등으로 무리를 지어 선거장으로 이동해서 공개 투표를 해야 했다. '보통 선거, 비밀 선거, 직접 선거, 평등 선거'라는 민주 국가의 선거 원칙이 무너지며 대대적인 부정 선거가 이루어진 것이다. 선거 날 이전에 투표가 진행되는가 하면, 다른 누군가가 투표를 대신 하고, 야당이었던 민주당의 참관인이 쫓겨나기도 했다. 이 과정에는 각 행정기관과 경찰, 심지어 폭력 조직까지 가담했다. 이런 사실을 알게 된 마산 시민들이 시위를 하기 시작했고, 민주당 마산시당은 '선거 무효'를 선언했다.[사진 제공: (사)3·15의거기념사업회]

1960년 4월 26일, 서울 수송국민학교 학생들이 덕수궁 앞에 있는 탱크를 향해 시위하고 있는 모습. 전날 같은 학교 학생이었던 6학년 전한승 군이 시위를 구경하다가 경찰이 쏜 총을 맞고 사망했다. 이 소식을 들은 학생들은 "군인 아저씨, 우리 오빠 누나들에게 총부리를 돌리지 마세요"라는 플래카드를 들고 행진했다. 학생들은 "어린 피에 보답하라"라는 구호를 외쳤고, 국회의사당 앞에서 애국가를 불렀다.[사진 제공: (사)3·15의거기념사업회]

헌법 개정과 제○공화국

우리는 지금 제6공화국 시대를 살고 있다. 그러면 이 공화국의 시기 구분은 어떻게 하는 걸까? 이에 대해 명확히 합의된 기준은 없지만, 대개는 통치 구조가 크게 바뀌는 헌법 개정을 기준으로 삼는다. 대통령제에서 의원내각제로 바꾼다거나, 대통령 선출 방식을 바꾼다거나 하는 등 중요한 헌법 개정이 이루어질 때 공화국이 바뀌는 것이다. 대한민국 정부 수립 시기의 '제헌 헌법' 이래 2025년 현재까지 총 아홉 차례 개헌을 했으며, 현재 여섯 번째 공화국을 겪고 있다.

제1공화국(1948~1960): 대통령 중심제(이승만) [★1차 개헌(1952), 2차 개헌(1954)]

↓ **1960년 4월 혁명 [★3차 개헌(1960)]**

제2공화국(1960~1961): 의원내각제(윤보선 대통령, 장면 국무총리) [★4차 개헌(1960)]

↓ **1961년 5·16 군사 쿠데타 [★5차 개헌(1962)]**

제3공화국(1963~1972): 대통령 중심제(박정희) [★6차 개헌(1969)]

↓ **1972년 10월 유신 [★7차 개헌(1972): 유신 헌법]**

제4공화국(1972~1980): 절대적 대통령제(박정희) [※최규하 대통령(1979~1980)]

↓ **1979년 10·26 사태, 12·12 군사 쿠데타 [★8차 개헌(1980)]**

제5공화국(1981~1988): 대통령 중심제(전두환)

↓ **1987년 6월 민주항쟁, 6·29 선언 [★9차 개헌(1987): 대통령 직선제]**

제6공화국(1988~현재): 대통령 중심제(노태우-김영삼-김대중-노무현-이명박-박근혜-문재인-윤석열)

개정을 시도해서 결국 제2대 대통령에 당선될 수 있었지.

또 이승만 정권은 1959년 정부에 비판적이던 《경향신문》을 폐간했어. 정부 비판 보도를 '허위 보도'라 규정하고 아예 신문을 없애 버린 거지. 그리고 같은 해에, 정치적 라이벌이던 조봉암을 간첩 혐의로 체포하고 사형에 처했어. 시간이 지나 2011년 대법원은 이 사건을 재심하여 무죄로 판결했어. 이승만 정권은 단지 자신의 정적을 제거하기 위해 누명을 씌웠던 거야.

1960년, 대한민국 시민들은 거리로 쏟아져 나왔어. 특히 학생들이 전국적으로 시위를 일으켰어. 2월에 대구 시내에서 벌어진 학생 시위는 언론에 대대적으로 보도되었지. 이승만 정권은 대통령과 같은 자유당 출신의 이기붕을 부통령으로 당선시키기 위해 상대 후보의 선거운동을 방해했어. 학생들이 민주당 후보인 장면의 선거 유세에 참여하지 못하도록 일요일에 시험이나 강제 행사를 열었지. 이에 학생들은 대자보를 작성하고, 거리로 나와 정권을 비판했어.

그러던 중 1960년 3월 15일 대통령 선거는 '부정 선거'로 진행되었고, 시민들은 선거 무효를 외치며 다시 거리로 나왔어. 특히 마산에서 시위가 활발했지. 이때도 학생들이 시위를 주도했는데, 마산상고 1학년이었던 김주열 학생이 마산 앞바다에서 죽은 채로 발견되자 시위대는 더욱 분노했어. 1960년 4월, 시민들은 더욱 강하게 민주화를 요구하며 전국적으로 남녀, 노소, 빈부를 가리지 않고 시위에 동참했다가 다치는 일도 많아졌어. 특히 4월 19일은 많은 시민들이 희생되어 '피의 화요일'로 불렸어. 심지어 시위 과정에서 초등학생도 희생되었는데, 이때 희생된 학생의 친구들이 "우리 부모 형제들에게 총부리를 대지 말라!"며 거리로 나와 시위를 함께 했다니, 당시의 상황이 얼마나 긴박했는지 상상할 수 있겠지?

마침내 1960년 4월 26일, 이승만 대통령은 '하야 선언'을 했어. 국민의 뜻이 그렇다면 대통령직에서 물러나겠다는 의사를 밝힌 거야. 그러자 시민들은 거리로 나와 환호성을 지르며 기쁨을 함께 나누었어. 그 뒤 이승만은 미국 하와이로 망명을 했고, 대한민국은 헌법을 개정하고 선거를 다시 치렀어. 시민들이 흘린 피를 발판 삼아 한국이 민주화를 향해 한 걸음 더 나아간 순간이었지.

> (한국이) 양차 세계대전 후에 출현한 신생 민주 국가들이 겪는 어려움에 새로운 활기를 불러일으켰다.
>
> - 1960년 4월 24일 《뉴욕 타임스》 사설에서

세계 사람들은 오랫동안 식민 지배를 받다가 독립한 국가가 민주주의를 성취해 나가는 과정을 의미 있게 보았어. 세계 언론도 한국의 4월 혁명을 긍정적으로 보도했어. 영국의 《타임스》지는 "한국인들이 민감한 시기에 실천적이고 상식적인 민주주의의 사례를 제공했다"며 극찬했지.

1960년 '아프리카의 해'

한국이 1960년 4월 혁명을 경험하던 시기까지도 아프리카 여러 나라들은 여전히 유럽의 식민 지배를 받고 있었어. 제2차 세계대전의

패전국인 독일·이탈리아·일본의 식민지들은 전쟁 이후 해방되었지만, 아프리카를 포함한 승전국의 식민지들은 전쟁 이후에도 해방을 맞이하지 못했기 때문이야. 알제리(프랑스), 리비아(이탈리아), 르완다·콩고(벨기에), 가나·케냐·우간다(영국), 앙골라(포르투갈) 등 대부분의 아프리카 국가는 제2차 세계대전이 끝난 1945년 이후에도 식민지로 남았어.

이렇게 보면 제2차 세계대전은 식민지를 거느렸던 제국주의 국가들 간의 전쟁이었던 셈이야. 영국이나 프랑스의 식민 지배를 받은 아프리카 국가의 입장에서 생각해 보면, 제2차 세계대전 이전이든 이후든 식민지가 지속되었다는 점에서 다를 바가 없지 않았을까?

우리나라에서 4월 혁명이 일어난 1960년은 세계적으로 **아프리카의 해**라고도 불려. 왜 그럴까? 유럽의 식민 지배를 받던 많은 아프리카 국가들이 이 시기부터 대거 독립했기 때문이야. 1960년 한 해에만 무려 17개국이 독립을 이루었어.

아프리카 국가들의 독립은 제2차 세계대전 당시부터 이미 시작되었어. 리비아 사람들은 1943년에 이탈리아 파시즘 정권의 이주 정책으로 리비아에 들어왔던 이탈리아 사람들을 쫓아내기 시작했지. 하지만 제2차 세계대전을 거치며 만들어진 유엔은 리비아의 독립을 1951년에야 비로소 인정했어.

1956년에는 모로코와 튀니지가 프랑스로부터 독립했고, 수단이 영국·이집트로부터 독립했어. 또 알제리는 이때부터 프랑스를 상대

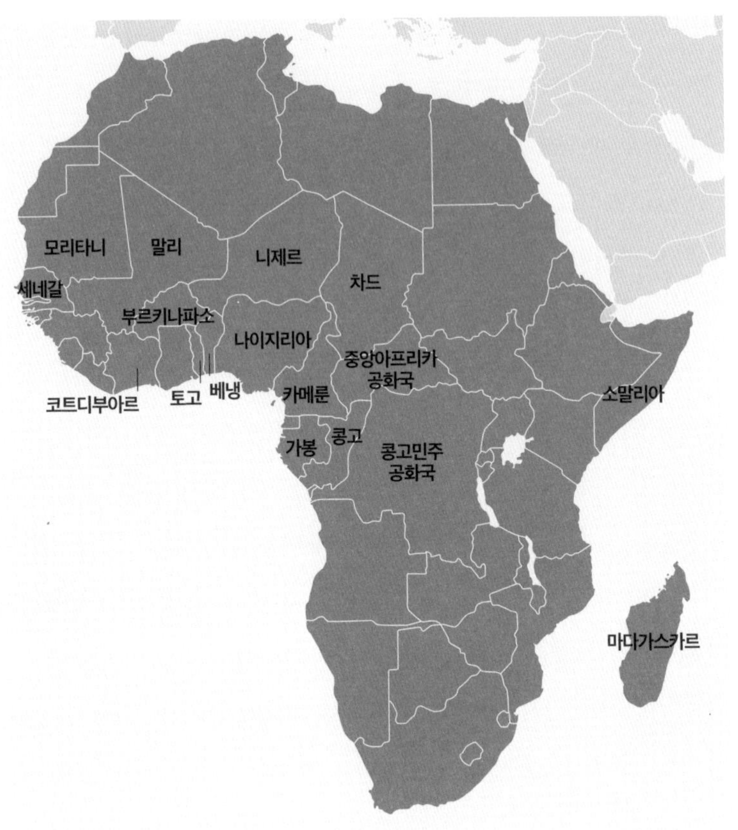

1960년 '아프리카의 해'에 독립한 나라들. 한 해 동안 아프리카에서 무려 17개국이 독립을 이루었다.

로 독립전쟁을 시작해서 1962년에 독립을 쟁취했지. 이후 1960년대에 걸쳐 30여 개 국가가 독립을 이루었어. 아프리카를 가장 마지막으로 떠난 국가는 포르투갈이었어. 포르투갈은 아프리카에 가장 먼저 도착한 나라였는데, 1575년부터 1974년까지 무려 400년이나 앙골라를 식민 지배했지.

이 시기에 독립한 아프리카 국가 중 '가나'라는 나라가 있어. 가나는 '골드코스트(황금해안)'로 불렸던 아프리카 서해안에 있는 나라야. 금이 풍부했던 골드코스트는 유럽 여러 나라에 의해 나뉘어 식민 지배를 받았는데, 결국 영국이 19세기 후반부터 이 지역을 차지하며 식민지로 삼았지. 역사적으로 여러 부족이 살고 있던 골드코스트는 내부적으로 단결된 정치적 입장을 만들기 어려웠어.

콰메 은크루마는 오랜 기간 가나의 독립과 통합을 이끌었던 인물이야. 그는 일찍이 미국과 영국에서 유학을 하며 아프리카 연합을 목표로 활동했어. 그가 보기에 아프리카 전체가 자유를 얻으려면 부족 간의 갈등 없이 모두가 힘을 합쳐야 했기 때문이지. 특히 은크루마는 영국에 있을 때 아프리카 연합을 위한 정치 조직에 힘을 쏟았고, 1945년에는 영국 맨체스터에서 '범아프리카 회의'를 개최했어. 회의에 모인 사람들은 아프리카의 독립, 인종주의 철폐, 부족 간 갈등이 없는 아프리카 문화에 대해 열띠게 토론하면서 희망찬 미래를 상상했지.

1953년에 영국령 골드코스트는 영국으로부터 자치를 허용받았어. 이 과정에서 은크루마는 주요한 정치 지도자로 인정받으며 자치 정부의 총리를 맡았지. 서로 다른 입장을 지녔던 부족들은 은크루마가 이끄는 자치 정부에 반발했지만, 4년 뒤인 1957년 골드코스트는

1955년 4월 인도네시아 반둥에서 열린 제3세계 정상 회의에 참석한 은크루마. 왼쪽부터 네루(인도), 은크루마, 나세르(이집트), 수카르노(인도네시아), 티토(유고슬라비아)이다.

드디어 영국으로부터 독립하게 돼. 국가 이름도 은크루마가 제안한 '가나(Ghana)'로 정했어. '전사 왕'이라는 뜻이라고 해.

1957년 세계는 가나의 독립에 주목했어. 은크루마는 지난날을 돌아보며 어떤 생각을 했을까? 그는 총리로서 의회에 가서 이러한 연설을 했어.

> "우리는 아프리카 사람들이 효율성과 관용을 가지고 민주주의를 통해 스스로의 문제를 해결할 수 있다는 것을 전 세계에 증명해야 할 의무가 있습니다. 우리는 모든 아프리카에 모범을 보여야 합니다."
>
> - 1957년 3월 6일 가나 의회 연설

은크루마는 가나의 독립이 곧 아프리카의 독립을 대표한다고 생각했던 거야. 가나는 1960년 국민투표를 통해 헌법을 개정하고 공식적인 '공화국'이 되었어. 그리고 가나 국민들이 직접 뽑은 첫 대통령이 은크루마였지.

사회주의에 깊이 공감했던 은크루마는 국가가 운영하는 산업체를 만들어 가나의 산업을 발달시키고, 학교와 댐 등 사회에 필요한 것을 만들기 시작했어. 그 결과 가나는 당시 아프리카에서 교육, 철도, 의료, 사회 복지가 가장 발전한 나라 중 하나로 발돋움했어. 또한 가나의 독립이 아프리카 해방을 위한 시작이어야 한다며, 다른 식민지 나라들의 해방운동을 지원했지.

독립과 민주화의 꿈은 '통합'과 '통일'로

통합 아프리카를 향한 은크루마의 생각은 현실로 나타났어. 은크루마는 독립한 아프리카 국가의 지도자들을 설득해서 1963년에 '아프리카 통합기구(Organization of African Unity, OAU)'를 결성했지. 당시 독립한 모든 아프리카 국가들이 이 회의에 참석했어. 물론 '아프리카 합중국 건설'이라는 은크루마의 궁극적인 바람은 결국 이루어지지 않았지만, 이후 아프리카 통합기구는 미국과 소련이 주도하는 냉전 질서에 반대하며 '비동맹 중립' 노선을 추구했어. 미국이나 소련 어느 한편과 동맹을 맺지 않고 중립 외교를 펼치면서 **제3세계**를 만들겠다는 것이었지. 자본주의 진영과 사회주의 진영으로 나뉘어 차갑게 대립하던 국제 정세를 고려한다면, 당시 아프리카 통합기구가 자신의 목소리를 낸다는 것은 그 자체로 대단한 일이었어.

아프리카 통합기구는 아프리카의 인권 문제에 공동으로 대처하는 모습도 보였어. 당시 아프리카 여러 나라들은 독립 이후 내전의 아픔을 겪어야 했고, 이 과정에서 다수의 난민이 발생했어. 이때 아프리카 통합기구는 협약을 맺어서 난민에게 보호를 제공하기로 했던 거야. 은크루마가 구상한 통합 아프리카의 이상이 실현되는 순간이 아니었을까?

이와 비슷하게, 1960년 4월 혁명이 성공한 한국에서는 '통일'을 바라는 목소리가 분출했어. 이승만 정권의 반공 정책 때문에 억눌려왔던 평화와 통일에 대한 열망이 평화통일 운동으로 나타났지. 평화통일 운동의 중심이 된 학생들은 '기성세대가 분단의 책임을 통감하고 젊은 세대의 발언을 억압하지 말 것, 정부가 통일 문제를 가지고 적극적으로 외교하여 미국·소련의 지도자들과 회담할 것, 남북 간의 서신 교환을 빨리 시행할 것' 등을 요구했어. 이에 공감하는 시민들도 통일운동을 위한 단체를 만들고 거리로 나아가 "가자 북으로! 오라 남으로!"를 외쳤지. 한국전쟁을 거치며 정부가 반공을 국가의 중요한 목표로 내세울 만큼 북한을 적대시하던 분위기 속에서 평화적으로 통일을 이루어 보자는 제안들이 나왔다니, 놀랍지 않니?

그러나 아쉽게도 아프리카의 '통합'과 한국의 '통일' 움직임은 얼마 지나지 않아 좌절하게 돼. 은크루마는 대통령으로 취임한 이후 많은 정책을 펼쳤지만, 물가가 오르고 서민의 생활이 불안정해지면서 대통령에 대한 비판의 목소리가 커졌어. 여전히 존재했던 각 부족의 반발도 다시 드러났지. 게다가 폭탄 테러와 같은 거친 시위도 발생했어. 그러자 은크루마는 강경한 대응을 하더니 자신이 소속된 정당만 허용하는 '1당 독재' 정치를 실시했어. 이때부터 가나의 아픈 현대사가 시작된 것일까? 결국 1966년 가나 군부는 쿠데타를 일으켰고, 은크루마는 기니로 망명을 했어. 이후 가나는 오랫동안 수차례 쿠데타가 일어나면서 정치적인 불안정을 겪게 돼.

아프리카 연합의 공식 깃발. 아프리카 연합 회원국을 나타내는 55개의 별로 둘러싸인 아프리카 지도를 형상화했다.

한편 한국의 통일 논의는 우익 정치인들로부터 공격을 받았어. 4월 혁명 이후 수립된 장면 내각은 평화통일 주장은 아직 시기상조라며 반대했어. 당시 평화통일 외에도 노동자, 학생 등 다양한 사람들의 목소리가 분출되었는데, 박정희를 중심으로 한 군부는 이러한 움직임이 사회 불안을 불러온다며 1961년 5월 16일 쿠데타를 일으켰어. 그 결과 평화통일 운동도 박정희 정권의 탄압을 받으면서 좌절되었지.

그렇다고 역사 속에서 분출된 에너지가 사라진 것은 아니었어. 가나는 군부 쿠데타를 여러 번 겪었지만, 2001년에 가나 대통령으로 취임한 존 쿠푸오르가 2004년 선거에서 다시 당선된 것은 쿠데타가 아닌 민주적 제도와 절차를 통해 권력을 이어 나갔다는 점에서 역사적 의미가 컸던 사건이야.

또한 은크루마가 주도해 설립했던 아프리카 통합기구는 2002년 '아프리카 연합(African Union, AU)'으로 확대되었어. 현재 아프리카 연합은 55개 회원국이 가입하여, 아프리카의 통합을 촉진하고 공동의 이익과 목표를 추구하고 있어. 2013년 아프리카 연합은 아프리카 통합기구 설립 50주년을 기념해 새로운 목표로 '어젠다 2063'을 설정했는데, 이 목표는 향후 50년의 계획으로 경제 발전과 빈곤 퇴치, 정치적 통합, 민주주의 및 정의 개선, 안보 및 평화 구축을 제시하고 있단다.

한국도 4월 혁명 이후 부마 항쟁, 5·18 민주화운동, 6월 민주항쟁 등 여러 사건을 겪으며 정치적 민주화를 이루어 나갔어. 그 결과 군부 독재 정권은 역사 속으로 사라져 갔지. 국민은 직접 선거로 대통령을 선출하기 시작했고, 이후 평화적인 정권 교체도 이루어졌어.

한국은 통일 논의도 이어 갔어. 이미 1974년에 남한과 북한은 처음으로 통일과 관련된 합의인 '7·4 남북공동성명'을 발표했어. 이 성명은 남북 서로가 비방과 무력 도발을 멈추고, 자주·평화·민족 대단결이라는 원칙 아래에서 평화를 위한 교류를 이어 나가자는 약속이었지. 이후 1991년 **소련 해체**로 인해 국제적인 냉전 질서가 완화되는 상황에서, 같은 해에 통일에 대한 합의문인 '남북기본합의서'를 발표했고, 2000년에는 남과 북의 대표가 처음으로 정상회담을 가졌지. 그 후 남북 정상회담은 2007년과 2018년에도 이루어졌어.

이처럼 1960년은 식민 지배라는 공통의 경험을 겪었던 한국과 가나가 독립 이후의 삶을 그려 나가기 시작했던 시간이야. 엇갈리고도 닮은 두 나라의 역사가 흥미진진하지 않니? 1960년에 발생한 한국의 시민혁명과 가나 공화국 탄생의 열기, 그리고 이후에 전개된 역사의 힘이 앞으로도 어떻게 이어질지 관심을 가지고 지켜보는 것은 어떨까?

문익환 & 넬슨 만델라(1990)

평화로 향하는 발걸음

문익환	넬슨 만델라
1918 문익환, 북간도에서 출생	**1918** 넬슨 만델라, 아프리카 부족장 아들로 출생
	1964 만델라, 흑인 인권운동 중 종신형 선고받고 투옥
1970 전태일 분신 사건	
1976 문익환, 첫 번째 투옥	
1987 6월 민주항쟁	
1989 문익환 방북	**1990** 만델라, 석방
1994 문익환 영면	**1994** 만델라, 남아공 최초의 흑인 대통령 당선

1989년 4월, 초췌하지만 눈빛만큼은 살아 있는 노인이 40년 가까이 넘어갈 수 없었던 휴전선을 넘어 북한을 다녀왔어. 그리고 곧바로 감옥으로 향했지. 그의 이름은 문익환. 평화를 위해 북으로 건너가 한반도의 통일을 꿈꾸었고, 이를 위해 희생을 마다하지 않았던 사람이었지.

문익환이 감옥에 들어간 이듬해인 1990년, 남아프리카 공화국에선 백발의 한 노인이 감옥에서 나와 자유를 만끽해. 그의 이름은 넬슨 만델라. 그는 27년간 감옥에서 흑인 인권을 외치며 자신의 삶을 바쳤어. 그에게는 숱한 유혹이 있었지만 단 한 번도 평화를 위한 투쟁을 멈추지 않았지.

공교롭게도 둘은 서로 만난 적은 없지만 그들이 추구한 삶의 가치는 같았어. 전쟁과 폭력이 만연한 시대가 아닌 평화의 시대를 만들고자 했던 두 사람. 사실 비슷한 가치를 추구한 그들의 삶처럼 문익환과 만델라는 1918년에 태어난 동갑내기 친구였어. 두 친구의 삶을 살펴보면서 그들이 외친 평화의 가치에 대해 함께 고민해 보면 어떨까?

14

명동마을에서 태어난 소년

1918년, 문익환은 독립운동가였던 문재린 목사와 김신묵 권사의 맏아들로 태어났어. 그가 태어난 곳은 북간도(두만강 너머 현재 중국 연변 지역)의 명동마을로, 일제의 침략으로 터전을 잃은 많은 조선인이 독립을 꿈꾸며 새롭게 터를 일구고 사는 마을이었지.

그 당시 명동마을은 일제 치하의 민족운동과 교육운동, 신앙운동의 중심지였어. 이런 마을에서 태어난 문익환은 어릴 적부터 독립운동을 접하면서, 제국주의 침략이 만연한 시대 속에서 시대와 역사를 고민하는 청년으로 자라났지. 그는 윤동주, 송몽규 등과 함께 아버지가 장로로 있는 주일학교를 다니며 조선이라는 잃어버린 나라의 독립을 다시 꿈꾸고, 자신들의 역할에 대해 고민했지. 그중 윤동주는 문학에 특별한 재주가 있었고, 송몽규는 연설을 잘하고 정치의식이 높아서 장래 희망을 독립군으로 정해 놓고 있었어. 자연스럽게 문익환은 독립운동가이자 목사였던 아버지의 영향으로, 역사의 아픔을 함께 느끼며 민중의 편에 설 수 있는 신학자를 꿈꾸게 되었어.

문익환은 명동소학교와 은진중학교를 거쳐 평양의 숭실중학교에 들어갔어. 숭실중학교를 다니던 그는 신사(神社) 참배를 강요받았어. '신사 참배'란 일본의 고유 신앙인 신도(神道)에 참배하는 것인데, 기독교인이었던 문익환은 이를 받아들일 수 없었지. 그는 함께 학교를 다니던 윤동주와 이를 거부하여 중퇴하게 되었지. 이후 일본의 도쿄 신학교로 유학을 갔으나, 이번엔 학도병(학생으로서 전쟁에 참여하는 병사) 징집을 거부하여 퇴교를 하게 되었어.

결국 만주에서 신학교를 졸업한 문익환은 이후 신학자의 삶을 살게 돼. 1944년에 결혼해 가정까지 이루게 된 그는 1945년 해방을 얼마 앞두고 큰 슬픔을 맞이하게 돼. 바로 자신의 어릴 적 친구이자 인생의 동지였던 윤동주와 송몽규가 일본 후쿠오카 형무소에서 차가운 주검이 되어 돌아온 거야. 그들의 죽음에는 석연찮은 대목이 너무 많았어. 나중에 밝혀진 사실이지만, 감옥 안에서 정체 모를 주사를 맞으며 생체 실험을 당했던 것이 그 사인으로 추정되고 있지. 문익환은 그들의 장례를 치르며 큰 슬픔에 빠졌어. 해방이 되기 불과 여섯 달 전 너무도 비극적으로 다가온 죽음이었지.

이후 그는 신학으로 세상을 밝히겠다는 포부를 가지고 목사가 되기 위해 미국 프린스턴 신학교로 유학을 떠났어. 1954년에 그곳에서

숭실중학교 재학 시절의 문익환(뒷줄 가운데). 그 오른쪽이 절친했던 친구 윤동주다.

신학 석사 학위를 받고 돌아온 그는 신교(개신교)와 구교(천주교)로 나뉘어 있는 성서를 통합해 새롭게 번역한 **공동번역성서**를 만드는 데 몰두했지. 당시만 해도 천주교든 개신교든 일제강점기에 번역된 성서를 거의 그대로 사용하고 있었어. 그래서 어려운 한자어가 대부분이라 당시 사람들은 그 뜻을 알기가 어려웠고, 서양 언어를 어려운 한자어로 옮기면서 엉뚱하게 잘못 번역된 부분도 많았지.

그는 성경을 현대식으로 번역하는 것이야말로 한국 기독교 사회에 자신이 가장 잘 기여할 수 있는 일이라고 생각했어. 지식인들이 많이 쓰는 한자어보다 서민 대중이 많이 쓰는 순우리말로 번역하려고 노력했지. 한국인 전체가 쉽게 읽을 수 있는 성경 구절만이 오로지 하느님의 뜻을 바로 전한다고 생각한 거야. 그렇게 문익환은 신학자로서의 삶에 최선을 다했어.

신학의 길을 넘어서
민주와 평화의 길로

그러던 그의 삶에 큰 전환점이 되는 사건이 일어나. 바로 청년 노동자 **전태일**의 죽음과 친구 장준하의 의문의 죽음이었어. 1970년 11월, 서울 청계천의 노동자 전태일이 "근로기준법을 준수하라!"고 외치며 분신하는 사건이 일어나. 당시 우리나라 노동자들은 매우 열악

한 근로 환경 속에서 정당한 대우조차 못 받으며, 국가 경제발전이라는 명목 아래 굉장히 핍박받고 있었어. 이때 전태일이 노동자 인권 보장을 외치며 한 손에 근로기준법을 들고 스스로 몸을 불사른 거야.

신학자로서의 사명으로 민중의 삶을 외면할 수 없다고 생각하던 문익환은 이후 자신의 삶을 사회를 위해 바쳐야겠다고 결심하지. 더불어 그의 어린 시절 친구이자 민주화운동을 이끌며 박정희 군부 독재에 저항하던 장준하가 1975년 의문의 죽음을 당하게 돼. 문익환은 숭실중학교를 같이 다닌 장준하를 마음을 나누는 친구라고 생각했었지.

이렇게 한 청년 노동자와 친구의 죽음은 그를 더 이상 신학자로서만 살게 놔두지 않았어. 그때부터 그는 마음속에 가지고 있던, 친구 윤동주와 장준하의 죽음에 대한 미안함과 책임감으로 사회를 바꾸기 위해 노력해. 시인이기도 했던 문익환이 말년에 쓴 〈동주야〉라는 시를 보면 그런 마음이 아주 잘 드러나 있지.

> 너는 스물아홉에 영원이 되고
> 나는 어느새 일흔 고개에 올라섰구나
> 너는 분명 나보다 여섯 달 먼저 났지만
> 나한텐 아직도 새파란 젊은이다
> (…)

> 너마저 늙어간다면 이 땅의 꽃잎들
>
> 누굴 쳐다보며 젊음을 불사르겠니
>
> - 문익환의 시 〈동주야〉 중에서

그가 활동했던 1970년대 남한에는 유신독재 체제가 들어서 있었어. 1972년에 헌법을 개정해서(유신 헌법) 세운 유신 체제를 통해 박정희 대통령은 사실상 죽을 때까지 집권할 수 있는 데다가 행정부는 물론 법을 만드는 입법부와 법을 집행하는 사법부까지 모두 통제할 수 있는 무소불위의 권력을 거머쥐었지. 문익환은 이 체제에 정면으로 도전했어. 민주화야말로 그에게 평화를 위한 가장 기본적인 가치였던 거지.

그는 1976년 3·1절을 맞아 유신 체제를 정면으로 비판하는 성명서를 작성하고 명동성당에서 발표했어. 그리고 다음 날 바로 구속되면서, 앞으로 그의 인생에서 여러 차례 반복되는 옥중 생활이 시작됐지. 그는 감옥에서도 민주화를 외치며 여러 번 단식을 했는데, 나라와 민족의 장래를 위한 그의 단식은 많은 사람에게 큰 울림을 주었고 정권에는 큰 부담을 주었지. 그렇게 그는 감옥을 들어갔다 나왔다를 반복하며 독재 정권에 저항하는 커다란 상징이 되었어. 59세의 나이로 처음 구속된 1976년부터 77세로 세상을 떠난 1994년까지, 18년의 삶에서 12년 가까이를 감옥에서 보냈다니 참 놀랍지 않아?

1989년 평화를 향한 발걸음을 내딛다

1979년 10·26 사태로 박정희 정권이 갑작스레 무너졌지만, 곧바로 전두환·노태우 등이 12·12 군사 쿠데타를 일으키면서 군부 독재는 계속 이어졌어. 이렇듯 오랜 군부 독재 정치로 신음하던 대한민국은 1980년대 말에 큰 변화를 맞게 돼. 1987년 1월, 서울대학교 학생이었던 박종철이 고문으로 사망한 사건을 계기로 민주화운동이 본격적으로 시작된 거야. 이는 독재 헌법을 계속 유지하려던 전두환 정권에 큰 타격을 주었고, 6월에는 대통령 직선제를 외치며 전국적인 민주화운동으로 확산되지. **6월 민주항쟁**이 일어난 거야.

학생과 시민들은 모두 거리로 나왔고, 거리는 독재 정권을 끝내자는 구호로 가득했어. 결국 전두환 정권은 6월 29일, 대통령을 국민이 직접 뽑게 하겠다고 선언할 수밖에 없었지(6·29 선언). 당시 문익환은 감옥에 수감 중이었는데, 민주화운동의 영향으로 석방되면서 자유를 맞이할 수 있었어. 그는 감옥에서 풀려난 바로 다음 날인 7월 9일, 이한열 열사의 장례식에 참석했어. 당시 연세대학교 학생이던 이한열이 시위 도중 경찰이 쏜 최루탄에 맞고 쓰러져 한 달간이나 사경을 헤매다 결국 사망한 사건은 6월 민주항쟁의 또 다른 기폭제였지. 그 장례식에서 문익환은 그동안 희생된 민주 열사들의 이름을 하나하나 외치는 것으로 추도 연설을 대신했어. 영화 〈1987〉의 마지막 장면에도 등장할 만큼, 지금까지도 큰 울림을 주는 명연설이었지.

이후 그는 앞으로 우리 한반도에 무엇이 필요할지를 고민하게 돼. 당시 세계는 50년 가까이 지속되던 냉전 체제가 1980년대 후반부터 서서히 붕괴하고 있었어. 그런 세계 정세를 잘 인지하고 있었던 문익환은 민주화운동의 궁극적인 목적은 한반도의 평화로운 삶이라 생각하고, 평화를 위한 통일운동에 더 매진하기로 결심해.

그런 그에게 1989년, 북한의 김일성 주석이 남북 정치협상 회의를 제안해 왔어. 문익환은 이 정치협상이 평화와 통일의 가치를 보여 줄 좋은 기회라고 생각했지. 그는 김일성의 제안을 수용하여 1989년 3월 25일 북한으로 넘어가게 돼. 한국전쟁 이후 아무도 가지 않았던 길을 가게 된 거야.

사실 당시 많은 사람의 반대와 비판도 있었어. 북한의 정치적 목적에 이용될 뿐이라는 걱정이었지. 하지만 문익환에게 그런 우려는 큰 걸림돌이 되지 못했어. 남북이 서로 만나 이야기 나누는 것을 보여 주는 것만으로도 많은 이에게 통일에 대한 상상을 심어 주고, 평화가 현실로 다가올 수 있음을 깨닫게 하리라는 생각이었지. 북한으로 가는 일도 사실 쉽지 않았어. 당시 노태우 정부는 북한 방문을 전혀 허용하지 않았기 때문에 비밀스럽게 움직여야 했고, 그래서 직접 육로나 비행기를 이용해 가는 것이 아니라 제3국을 거쳐 돌아가는 방법밖에 없었지.

문익환은 일본과 중국을 거쳐 북한에 도착했어. 그리고 김일성과 회담을 했지. 두 차례 회담에서 그는 김일성과 통일에 대한 서로의 생각을 나누고, 구체적인 방안을 논의했어. 그 밖에도 공동의 국어사전을 편찬하고, 이산가족 문제를 풀어 나가기로 합의했지. 비록 공식적인 국가 간의 회담은 아니었지만, 이런 내용은 당시 많은 사람에게 통일이 절대 불가능한 것이 아님을 보여 주는 중요한 상징이었어.

물론 그 회담의 합의는 남북한의 정치적 상황으로 인해 실행되지 못했어. 오히려 문익환은 불법으로 북에 갔다 왔다는 이유로 구속되었지. 하지만 그는 법정에서도 자신의 신념을 굽히지 않았어. 그는 평소에 주장해 오던 분단의 병폐를 지적했어. 국제 사회에서 비난을 당하는 분단 독재의 수모도, 천만 이산가족의 눈물도, 남북한이 한 해에 쏟아붓는 10조 원에 이르는 막대한 분단 비용도 모두 평화를 통해 해결할 수 있다고 주장해.

하지만 안기부(국가안전기획부, 지금의 국가정보원/국정원)와 검찰은 이런 그의 주장이 북한의 지령에 따른 것이라며, 그가 이용당한 것이라고 주장했지. 결국 문익환은 징역 10년 형을 선고받고 감옥에 수감됐어. 이런 당국의 조치에 그도 처음에는 마음에 상처를 입었어. 남북 대화의 틀을 만들어 주었는데도 정부가 이것을 기회로 활용하지 않은 것에 실망한 거야.

하지만 그는 감옥에서 자신의 희생 덕에 남북 관계가 나날이 급변하는 것을 보면서 다시 희망을 갖게 돼. 남북통일 축구단이 서로 비자 없이 판문점을 넘어 왕래하는 등 평화와 통일의 물결이 시작되고 있었어. 마치 그의 방북 효과가 뒤늦게 나타나는 듯 보였지. 이런 남북의 노력은 이후 1991년 노태우 정부에서 **남북기본합의서**를 채택하는 데 영향을 주었고, 2000년에는 김대중 대통령이 평양에서 김정일 국방위원장을 만남으로써 더 큰 결실을 맺게 되지.

검은 영국인이 될 수 없었던 소년

1918년 7월, 문익환과 같은 해에 넬슨 만델라가 태어났어. 영국의 자치령이었던 남아프리카 연방의 움타타에서 템부 족장의 아들로 태어난 그는 어릴 적 부모님으로부터 아프리카 부족 전사들의 영웅담이나 전설을 듣고 자랐지. 그러면서 도덕적인 삶의 자세뿐만 아니라 아프리카인으로서의 정체성과 책임감을 배우며 씩씩한 유년기를 보냈어.

만델라의 어린 시절이 아프리카인의 정체성을 키워 간 시기라면, 일곱 살부터는 식민 지배국인 영국식 교육을 받기 시작하면서 처음으로 자신과 다른 '백인'에 대해 생각하게 되었지.

그러던 만델라에게 큰 시련이 찾아와. 아홉 살 때, 부족장이었던 아버지가 갑자기 세상을 떠난 거야. 부족의 미래를 책임지기에 그는 너무 어렸어. 자신에게 가장 큰 버팀목이 되어 주었던 아버지가 떠나자 어린 만델라는 이웃 부족장인 욘긴타바의 왕궁으로 옮겨 살게 되었어. 다행히 욘긴타바의 후원 아래 만델라는 그에게 지도자의 성품을 배울 수 있었고, 학업도 이어 갈 수 있었지. 이후 어렵게 대학에 진학한 그는 법률을 공부하고 싶어 했는데, 법을 통해 아프리카인들의 삶을 개선하는 데 도움을 줄 수 있겠다는 확신을 가졌지. 하지만 대학에서 학생 대표위원으로 활동하다가 학교 측과 갈등을 많이 빚게 되었고, 결국 퇴학을 당하게 되었어.

그는 공부하면 할수록 아프리카인들이 처한 비참한 현실을 마주해야 했어. 당시 남아프리카 연방의 흑인들은 흑인 전용 병원에서 태어나 흑인 전용 버스를 타고, 흑인 전용 학교에 다니며, 흑인 거주 지역에만 머물러야 했어. 또 '통행법'이라는 법이 있어서 흑인은 백인 지역을 마음대로 통행할 수 없고, 통행증을 지녀야만 거리를 다닐 수 있었는데, 밤낮으로 통행증 제시를 요구받기 일쑤였지. 게다가 흑인은 조금만 잘못이 있어도 경찰에 잡혀가곤 했어. 실제로 당시 남아프리카 연방의 전체 인구 중 80퍼센트가 흑인이었지만 그들이 거주할 수 있는 지역은 전 국토의 13퍼센트밖에 안 됐어.

오랜 투쟁의 시작

만델라는 변호사의 꿈을 안고 법률 사무소 일과 학업을 병행했어. 그러다가 억압받는 흑인들의 삶을 위해 아프리카 민족회의(ANC)에 가입해 투쟁을 시작해. 그는 1952년에 아프리카 민족회의의 청년동맹의장이 되었고, 동시에 변호사 시험에도 합격해서 법률 사무소를 열었지.

당시 남아프리카 연방에선 백인과 흑인을 분리하는 **아파르트헤이트**('분리'라는 뜻) 정책이 강화되고 있었는데, 만델라는 이에 맞서 비폭력 저항운동과 흑인 인권운동을 본격적으로 이끌어 가. 그러면서 여러 차례 투옥 생활을 반복하던 그는 비폭력 투쟁의 한계를 느끼고 '민족의 창(MK)'이라는 단체를 결성해. 백인 정권의 계속되는 탄압에 흑인들의 무고한 희생이 반복되는 것을 더 이상 두고 볼 수 없었던 거지.

그는 이 무장 조직의 최고사령관으로 정부 시설물에 대한 폭파 공격을 지휘했어. 결국 그는 반역죄까지 추가되면서 1964년에 종신형을 선고받았어. 그리고 로벤섬에 있는 감옥에 투옥되어 기나긴 복역을 시작하지.

> 삶의 가장 큰 영광은 한 번도 실패하지 않음이 아니라, 실패할 때마다 다시 일어섬에 있다. - 만델라 자서전《자유를 위한 여정》

하지만 그는 감옥에서도 투쟁을 계속했어. 감옥 밖에서는 만델라의 동지들이 아파르트헤이트 철폐와 흑인 해방을 외치며 무장 투쟁을 계속했지. 만델라는 이들에게 포기하지 말고 투쟁할 것을 주문하며 그들의 정신적 지주로서 역할을 다했어. 비록 만델라는 감옥에 있었지만 그 영향력은 전국으로 퍼져 갔지. 감옥에서 만델라는 여러 병도 얻고 수많은 회유와 압박을 받았지만 단 한 번도 자신의 뜻을 굽히지 않았어. 그런 만델라의 활동은 점차 전 세계의 주목을 받았고, 여러 나라에서 만델라를 지지하기 시작했어.

1961년에 영국에서 독립해 새로 수립된 남아프리카 공화국(남아공) 당국으로서도 만델라는 아주 부담이 되는 인물이었어. 하지만 만델라는 감옥을 여러 번 옮겨 다니면서도 27년이라는 긴 세월을 흑인의 인권과 평화로운 남아공을 위해 헌신했지.

1990년 자유와 함께 평화로 향하는 만델라

1980년대에 남아공에서는 아프리카 민족회의를 중심으로 흑인들의 투쟁이 지속되고 있었어. 하지만 정부는 계속해서 흑인의 인권 투쟁을 탄압했고, 그럴수록 투쟁은 더욱 거세어졌지. 대규모 항쟁이 해마다 발생할 정도였으니 남아공은 혼란 그 자체였어.

그러자 정부도 1980년대 말부터는 해결 방법을 모색해야 한다고 느꼈는지, 흑인 인권 투쟁을 이끄는 만델라와의 소통이 필요하다고 판단했어. 그렇게 해서 남아공 대통령 데클레르크와 만델라 사이에 비밀 회담이 진행되었어. 만델라는 회담 내내 자신이 27년간 지켜 온 신념을 강조했어. 흑인들의 모든 정치단체에 내려진 금지령을 풀고, 인권 투쟁으로 잡혀 온 정치범들을 석방해 줄 것을 요구했지.

이 같은 여러 차례의 회담 끝에 결국 1990년 2월, 데클레르크 대통령이 역사적인 연설을 해. 아프리카 민족회의는 40년 만에 합법화되고, 만델라도 석방되었지. 27년 만에 자유를 맞이하게 된 거야. 만델라는 석방 후 완전한 평화를 위해 정부와의 협상을 서둘렀어. 정부로부터 비상사태를 해제할 뿐만 아니라, 실마리를 찾지 못했던 여러 문제에 대한 해결 방안을 모색하겠다는 약속을 받아 냈지. 그리고 만델라는 유럽과 북미를 방문하면서 여러 나라와 회담도 가졌어. 향후 남아공의 평화를 국제적으로 보장받기 위한 노력이었지. 1990년에 이르러서야 비로소 평화의 새싹이 그 모습을 드러내기 시작한 거야. 그리고 1991년, 마침내 아파르트헤이트 정책이 공식적으로 폐지되었어.

1993년에는 남아공 역사상 최초의 전국적인 총선거가 결정돼. 인종에 관계없이 '1인 1표' 원칙에 따른 선거였지. 이제 흑인들도 처음으로 투표권을 행사해 지도자를 직접 뽑을 수 있게 되었어. 이런 만델라의 노력을 격려하는 의미였을까? 아파르트헤이트 폐지에 헌신한 공로로 1993년 노벨 평화상을 수상하게 되지. 그리고 1994년 4월, 드디어 전국에 걸친 자유 총선거가 남아공에서 열렸어. 그 결과 아프리카 민족회의가 60퍼센트가 넘는 득표율로 승리하게 되지. 만델라는 새로 탄생한 의회에서 남아공 최초의 흑인 대통령으로 선출돼.

남아공 최초의 흑인 대통령으로 선출된 후 처음으로 미국을 방문한 넬슨 만델라(1994년 10월, 워싱턴 DC).

만델라가 대통령이 되자 남아공은 물론 전 세계의 이목이 백인 지도층에게 쏠렸어. 그동안의 탄압에 대한 정치적인 보복을 당할 것이라는 추측 때문이었지. 모두의 예상은 빗나갔어. 만델라는 일반 백인 국민은 물론 지도층에게도 어떤 보복이나 불이익도 가하지 않았지. 인종 간 화합을 위해서는 이해와 관용이 반드시 필요하다는 자신의 철학을 잊지 않았기 때문이야. 만델라는 취임 연설에서 다음과 같이 이야기했다고 해.

> "오늘 이곳에 모인 모두에게 축복과 희망을 선물합니다. 우리는 정의와 평화와 인간 존엄을 위해 싸웠고 마침내 승리했습니다. 우리는 그렇게 해방을 이루었습니다. 영광스러운 우리의 승리 위에 눈부신 태

양이 계속 비칠 것입니다. 자유가 더욱 발전하도록 우리 모두 노력합시다. 아프리카에 신의 은총이 있기를!"

그의 말처럼 아프리카에 평화가 가득하길 바라며 쏟았던 노력은 우리가 계속 이어 가야겠지.

평화는 만들어지는 것이 아니라 만들어 가는 것이다

문익환과 만델라의 삶을 살피면 아주 비슷한 모습을 많이 볼 수 있어. 우연찮게 동갑내기인 것을 시작으로 일생의 많은 시간을 투쟁하며 감옥에서 보낸 점, 감옥에서도 결코 자신의 신념을 꺾지 않은 점은 지금도 우리에게 큰 울림을 주지. 하지만 무엇보다도 그들이 우리에게 던진 가장 큰 메시지는 그들이 가고자 하는 길이 평화를 위한 길이었다는 거야.

전쟁으로 인한 남북 분단 상황에서 문익환은 평화를 위해 온갖 비난과 억압을 무릅쓰고 북한으로 올라가 회담을 했지. 그리고 그 노력은 결국 이후 남북기본합의서 등을 만드는 데 영향을 미치게 돼. 또 만델라는 혐오와 차별로 인한 흑인과 백인의 갈등 속에서 진정한 평화를 위해, 인종 차별을 만든 백인에게 책임을 묻기보다는 관용의 마음으로 그들을 포용하지. 그리고 이는 '진실과 화해 위원회'를 만들어 남아공에 아주 뿌리 깊게 박혀 있던 인종 갈등을 치유하는 데 매우 큰 영향을 줘.

감옥에서도 자신의 신념을 꺾지 않은 그들의 모습은, 평화는 저절로 만들어지는 것이 아님을 보여 줘. 그저 어느 날 하늘에서 평화가 뚝 떨어지는 것이 아니라, 끊임없는 노력과 인내의 과정을 거치며 평화를 만들어 가기 위해 노력해야 한다는 거야. 지금도 세계 곳곳에선 전쟁과 폭력이 지속되고 있어. 하지만 그렇다고 우리가 포기해야 할까? 우리는 지금도 평화를 만들어 가는 과정에 있음을 잊지 말아야 하지 않을까?

1 국사편찬위원회,《신앙과 사상으로 본 불교 전통의 흐름》, 두산동아, 2007, 7쪽.

2 박성봉, 〈고려시대의 유학 발달과 사학십이도〉,《사총》 2, 고려대학교 역사연구소, 1957, 43쪽의 견해를 따랐다. 9경에 속하는 경전이 무엇인가에 대해서는 다양한 의견이 있다.

3 찰스 호머 해스킨스,《대학의 탄생》, 김성훈 옮김, 연암서가, 2021에서 인용.

4 오대산 월정사 성보문화재 '상원사 목조 문수동자 좌상' 소개글에서 인용.

5 〈세계사를 바꾼 승부 ③: 1453 오스만, 동로마 제국을 무너뜨리다〉,《역사저널 그날》 344회, KBS, 2022년 1월 15일.

6 최준채 외,《고등학교 한국사 교과서》, 리베르스쿨, 221쪽.

7 장대익,《다윈 & 페일리: 진화론도 진화한다》, 김영사, 2006, 16쪽.

참고 자료

단행본

가와이 아쓰시, 《하룻밤에 읽는 일본사》, 원지연 옮김, 알에이치코리아, 2020.

강명관, 《조선시대 책과 지식의 역사》, 천년의상상, 2014.

강응천·김덕련·김형규·백성현, 《세계사와 함께 보는 타임라인 한국사》 1·2, 다산에듀, 2013.

강정만, 《당나라 역대 황제 평전》, 주류성, 2020.

게를레, 제랄드 외 그림, 《여성 권리 선언》, 김두리 옮김, 문학동네, 2019.

구범진, 《병자호란, 홍타이지의 전쟁》, 까치, 2019.

구주, 올랭프 드, 《여성과 여성 시민의 권리 선언》, 박재연 옮김, 꿈꾼문고, 2019.

구주, 올랭프 드, 《여성의 권리 선언》, 소슬기 옮김, 동글디자인, 2019.

국사편찬위원회, 《신앙과 사상으로 본 불교 전통의 흐름》, 두산동아, 2007.

그루, 브누아트, 《올랭프 드 구주가 있었다》, 백선희 옮김, 마음산책, 2014.

금장태, 《성호와 성호학파》, 서울대학교 출판문화원, 2014.

김덕진, 《대기근, 조선을 뒤덮다》, 푸른역사, 2008.

김동구, 《중세 대학연합의 설립과 발전》, 문음사, 2003.

김삼웅, 《수운 최제우 평전》, 두레, 2020.

김슬옹, 《세종, 한글로 세상을 바꾸다: 소통과 어울림의 글자 한글 이야기》, 창비, 2013.

김태영, 《실학, 그 역사상의 재인식》, 경희대학교 출판문화원, 2023.

김형수, 《문익환 평전》, 다산책방, 2018.

남기원, 《대학의 역사》, 위즈덤하우스, 2021.

남종국, 《중세를 오해하는 현대인에게》, 서해문집, 2021.

다윈, 찰스, 《찰스 다윈의 비글호 항해기》, 장순근 옮김, 리잼, 2013.

다윈, 찰스 원저·박성관 글·강전희 그림, 《종의 기원, 모든 생물의 자유를 선언하다》, 너머학교, 2012.

랑, 자크, 《넬슨 만델라 평전》, 윤은주 옮김, 실천문학사, 2007.

램, H.H., 《기후와 역사》, 김종규 옮김, 한울아카데미, 2004.

럼포드, 제임스, 《위대한 발명가 구텐베르크》, 서남희 옮김, 아일랜드, 2018.

루이스, 마크 에드워드, 《하버드 중국사 당: 열린 세계 제국》, 김한신 옮김, 너머북스, 2017.

만델라, 넬슨, 《자유를 향한 머나먼 길》, 김대중 옮김, 두레, 2020.

민병훈, 《일본의 신화와 고대》, 보고사, 2005.

민석홍, 《서양사개론》, 삼영사, 2008.

박영규, 《한 권으로 읽는 고려왕조실록》, 웅진지식하우스, 2011.

박영규, 《한 권으로 읽는 조선왕조실록》, 들녘, 1996.

박윤덕,《서양사강좌》, 아카넷, 2016.

박지향,《슬픈 아일랜드》, 기파랑, 2008.

박태균,《버치 문서와 해방정국》, 역사비평사, 2021.

버크, 피터,《지식의 사회사 2》, 박광식 옮김, 민음사, 2017.

베링어, 볼프강,《기후의 문화사》, 안병옥·이은선 옮김, 공감in, 2010.

변태섭,《한국사통론》, 삼영사, 2015.

서머빌, 바버러 A.,《타락한 종교에 맞선 시대의 양심 루터》, 장석봉 옮김, 미래엔아이세움, 2007.

서양사학자 13인,《서양문화사 깊이 읽기》, 푸른역사, 2008.

설민석,《설민석의 조선왕조실록》, 세계사, 2016.

신종원,《삼국유사 깊이 읽기》, 주류성, 2019.

신형식,《삼국사기의 종합적 연구》, 경인문화사, 2011.

아이젠슈타인, 엘리자베스 L.,《근대 유럽의 인쇄 미디어 혁명》, 전영표 옮김, 커뮤니케이션북스, 2008.

양자오,《종의 기원을 읽다》, 류방승 옮김, 유유, 2013.

옌총니엔,《청나라 제국의 황제들》, 장성철 옮김, 산수야, 2014.

오가사와라 히로유키,《오스만 제국: 찬란한 600년의 기록》, 노경아 옮김, 까치, 2020.

오병학,《마르틴 루터: 신념으로 하나님께 영광을 돌린 사람》, 규장, 2013.

오제연 외,《4월 혁명의 주체들》, 역사비평사, 2020.

우승엽,《대기근이 온다》, 처음북스, 2016.

이리에 아키라 엮음,《하버드-C.H.베크 세계사: 1945 이후》, 이동기·조행복·전지현 옮김, 민음사, 2018.

이영효, 《사료로 읽는 서양사 4》, 책과함께, 2015.

이원복·신병주 외, 《글로벌 한국사, 그날 세계는: 사건 vs 사건》, 휴머니스트, 2016.

이원준, 《검은 대륙의 아버지 넬슨 만델라》, 자음과모음, 2011.

이은주, 《디드로》, 건국대학교 출판부, 1997.

이이화 글·김태현 그림, 《평등과 자주를 외친 동학농민운동》, 사파리, 2017.

이익, 《성호사설》, 고정일 옮김, 동서문화사, 2015.

이희수, 《인류본사》, 휴머니스트, 2022.

일리인, 미하일, 《코페르니쿠스, 인류의 눈을 밝히다》, 이종훈 옮김, 서해문집, 2008.

일연, 《삼국유사》, 이민수 옮김, 을유문화사, 2013.

임윤지당, 《윤지당 유고》, 이영춘 옮김, 송키프레스, 2021.

장대익, 《다윈 & 페일리: 진화론도 진화한다》, 김영사, 2006.

장성희 외 11인, 《실학, 조선의 르네상스를 열다》, 사우, 2018.

전국역사교사모임, 《친절한 동아시아사》, 북멘토, 2017.

정주리·시정곤, 《조선언문실록: 실록으로 보는 조선시대 사람들의 한글 사용기》, 고즈윈, 2011.

정한식, 《오랑캐 홍타이지 천하를 얻다》, 산수야, 2018.

조성일, 《개혁하는 사람, 조광조》, 시간여행, 2022.

조윤수, 《오스만 제국의 영광과 쇠락, 튀르키예 공화국의 자화상: 대사(大使)가 바라본 튀르키예의 과거와 현재》, 대부등, 2022.

조한성, 《만세열전》, 생각정원, 2019.

주경철, 《주경철의 유럽인 이야기 1: 중세에서 근대의 별을 본 사람들》, 휴머니스트, 2017.

최재호 외, 《한국이 보이는 세계사》, 창비, 2011.

최준채·윤영호·안정희·남궁원·박찬영, 《리베르스쿨 한국사 교과서》, 리베르스쿨, 2013.

파커, 지오프리 엮음, 《아틀라스 세계사》, 김성환 옮김, 사계절, 2004.

판 다이크, 루츠, 《처음 읽는 아프리카의 역사》, 안인희 옮김, 웅진지식하우스, 2005.

페브르, 뤼시앵·앙리 장 마르탱, 《책의 탄생: 책은 어떻게 지식의 혁명과 사상의 전파를 이끌었는가》, 강주헌·배영란 옮김, 돌베개, 2014.

한국교원대학교 역사교육과, 《아틀라스 한국사》, 사계절, 2004.

한국역사연구회, 《삼국시대 사람들은 어떻게 살았을까》, 청년사, 2006.

한명기 외, 《쟁점 한국사: 전근대편》, 창비, 2017.

한일동, 《아일랜드 역사 다이제스트 100》, 가람기획, 2019.

한일동, 《작지만 강한 나라, 아일랜드》, 동인, 2018.

해스킨스, 찰스 호머, 《대학의 탄생》, 김성훈 옮김, 연암서가, 2021.

Gocking, Roger S., *The History of Ghana*, Greenwood, 2005.

Miller, Frederic P. and Agnes F. Vandome, *History of Ghana*, Alphascript Publishing, 2009.

논문

구민정, 〈임윤지당 考〉, 《역사와 역사교육》 23, 웅진사학회, 2012.

권오영, 〈최충(崔沖)의 구재(九齋)와 유학사상〉, 《사학지》 권31, 1998.

김면, 〈독일 인쇄술과 민중본〉, 《인문연구》 59, 2010.

김민지, 〈고려시대 사학십이도(私學十二徒)의 설립과 운영 양상: 문헌공 최충의 구재를 중심으로〉, 한국외국어대학교 석사학위 논문, 2018.

김영희, 〈대학의 유형별 기원에 관한 고찰〉, 《법사학연구》 36권, 2007.

김재임, 〈임윤지당의 삶과 사상〉, 《한문고전연구》 9, 한국한문고전학회, 2004.

김채식, 〈李圭景의 《五洲衍文長箋散稿》 硏究〉, 성균관대학교 박사학위 논문, 2008.

김현, 〈성리학적 가치관의 확산과 여성〉, 《민족문화연구》 41, 고려대학교 민족문화연구원, 2004.

남종국, 〈사제 요한 왕국의 전설 형성〉, 《서양중세사연구》 32, 한국서양중세사학회, 2013.

박성봉, 〈고려시대의 유학발달과 사학십이도〉, 《사총》 2, 고려대학교 역사연구소, 1957.

박세연, 〈朝鮮初期 世祖代 佛敎的 祥瑞의 政治的 意味〉, 《사총(史叢)》, 고려대학교 역사연구소, 2011.

박용진, 〈중세 여행기의 새로운 정보 서술: 요르다누스 인도 여행기의 사례〉, 《이화사학연구》 57, 이화사학연구소, 2018.

박혜정, 〈21세기에 읽는 17세기 위기: 17세기 위기 논쟁의 기후사적 재고〉, 《역사학보》 제258집, 역사학회, 2023.

백민자, 〈允摯堂의 女性 人物 서술 방식: 〈宋氏能相婦傳〉, 〈崔洪二女傳〉의 여성 인물

을 중심으로〉,《열린정신 인문학 연구》19, 원광대학교 인문학연구소, 2018.

성백용, 〈'몽골의 평화' 시대의 여행기들을 통해서 본《맨드빌 여행기》의 새로움〉,《서양중세사연구》28, 한국서양중세사학회, 2011.

성일권, 〈올랭프 드 구주의 말과 글, 그리고 혁명적 페미니즘〉,《프랑스문화연구》21, 한국프랑스문화학회, 2010.

소진형, 〈열녀: 조선후기 성리학의 대중화와 여성의 욕망〉,《한국정치학회보》54, 한국정치학회, 2020.

유병호, 〈대한민국임시정부의 안동교통국과 이륭양행 연구〉,《한국민족운동사연구》62, 한국민족운동사학회, 2010.

이강래, 〈김부식은 왜《삼국사기》를 편찬했나?〉,《내일을 여는 역사》16, 역사와책임, 2004.

이강래, 〈《삼국사기》의 성격〉,《정신문화연구》24, 한국학중앙연구원, 2001.

이광우, 〈고·중세 한국 私學의 전통이 서원 출현에 이르기까지〉,《한국서원학보》제10호, 2020.

이광주, 〈중세 대학 성립과 새로운 지적 상황: 대학의 사회사 (1)〉,《대학교육》27권, 1987.

이도흠, 〈異次頓의 가계와 新羅의 佛教 수용〉,《한국고대사탐구》6, 2010.

이석우, 〈볼로냐 대학의 형성과 코뮌〉, 경희대학교 논문집, 1997.

이석우, 〈서양 중세 대학의 형성과 전개: 내적동인과 외부세력과의 관계를 중심으로〉,《서양사론》53권, 1997.

이세희, 〈올랭프 드 구즈의 생애와 〈여권 선언〉〉,《세계역사와 문화연구》19, 한국세계문화사학회, 2008.

이유나, 〈문익환의 평화·통일 사상 담론과 성찰〉,《신학사상》188, 2020.

이정주, 〈세조 후반기 순행과 불교〉, 《사총(史叢)》 105, 고려대학교 역사연구소, 2022.

이해진, 〈'여성'에서 '인간'으로, 주체를 향한 열망: 임윤지당과 울스턴크래프트 비교 연구〉, 《한국여성학》 30, 한국여성학회, 2014.

임명걸, 〈李德懋와 朴齊家의 연행록에 나타난 중국인식 비교연구〉, 《새국어교육》 제112호, 2017.

정구복, 〈김부식의 생애와 업적〉, 《정신문화연구》 24, 한국학중앙연구원, 2001.

정병설, 〈조선후기의 한글소설 바람〉, 《한국사 시민강좌》 제37집, 2005.

조영헌, 〈'17세기 위기론'과 중국 사회의 변화: 명조 멸망의 지구사적 검토〉, 《역사비평》 107호, 역사비평, 2014.

한철호, 〈조지 엘 쇼(George L. Shaw)의 한국독립운동 지원활동과 그 의의: 체포·석방 과정을 중심으로〉, 《한국근현대사연구》 38, 한국근현대사학회, 2006.

한철호, 〈1920년대 전반 조지 엘 쇼(George L. Shaw)의 한국독립운동 지원활동과 그 의의: 1920년 11월 석방 이후를 중심으로〉, 《한국독립운동사연구》 43, 한국독립운동사연구소, 2012.

홍금수, 〈《맨더빌 여행기》와 동·서양의 재발견: 오리엔트의 거울에 비친 서구 자화상의 성찰과 '위반'의 수행〉, 《대한지리학회지》 187, 대한지리학회, 2018.

홍석률, 〈4월 혁명의 다양성〉, 《지식의 지평》 28, 2020.

기타

〈김건수의 음악이 말하네 러시아 민요 '스텐카 라진'〉, 《부산일보》 2018년 7월 12일.

〈세계사를 바꾼 승부 ③: 1453 오스만, 동로마 제국을 무너뜨리다〉, 《역사저널 그날》

344회, KBS, 2022년 1월 15일.

아이굿뉴스, http://www.igoodnews.net/news/articleView.html?idxno=54606.

우리역사넷, contents.history.go.kr.

한국고전종합DB, https://db.itkc.or.kr.

한국사데이터베이스, https://db.history.go.kr.

https://bootora.com/entry/오스만-제국-메흐메트-2세.

사진 출처

국가유산포털 26, 62, 87, 102, 106, 109(위), 130, 246

국립안동대학교 박물관 109(아래)

국립중앙박물관 e뮤지엄 30, 111(오른쪽), 208, 225

볼로냐 대학교 홈페이지 68, 69

사단법인 3·15의거기념사업회 268, 269

사단법인 늦봄문익환기념사업회 286

성호박물관 191

셔터스톡 137, 140, 158(위)

위키미디어 커먼즈 31, 34, 48, 52, 72, 91, 115, 118, 142, 161, 167, 177, 196, 200, 214, 232, 236, 256, 276, 279, 298

전통문화포털 41

카림 부셰타타(Karim Bouchetata) 페이스북 180

* 이 외에도 저작권이 있는 사진이 쓰였다면, 저작권자가 확인되는 대로 허락을 받고 저작권료를 지불하겠습니다.

이 책의 집필진

00 평행 역사 여행, 준비되셨나요? _우현주

01 종교, 인간의 삶에 스며들다 _이건주

02 여성, 군주의 자리에 오르다 _김태우

03 대학의 탄생, 배움의 열망들 _방경원

04 거짓? 진실? 최고(最古)의 역사책과 가짜 편지 _유소영

05 문자 발명과 기술 혁신, 소통과 지식의 폭발 _송은하

06 피의 두 군주, 왕권 강화에 종교를 이용하다 _방경원

07 동서양에 개혁가들이 등장하다 _윤채은

08 17세기 위기론, 기후 위기와 인류의 재난 _김태우

09 지식을 모은 사람들, 실학파와 백과전서파 _박영진

10 여성도 남성과 동등한 권리를 갖는다 _유소영

11 동서양에 새로운 목소리가 울려 퍼지다 _윤채은

12 식민지에서 독립을 외치다 _이어라

13 한국과 가나, 엇갈리고도 닮은 두 운명 _맹수용

14 평화로 향하는 발걸음 _이건주